OPA
für
Anfänger

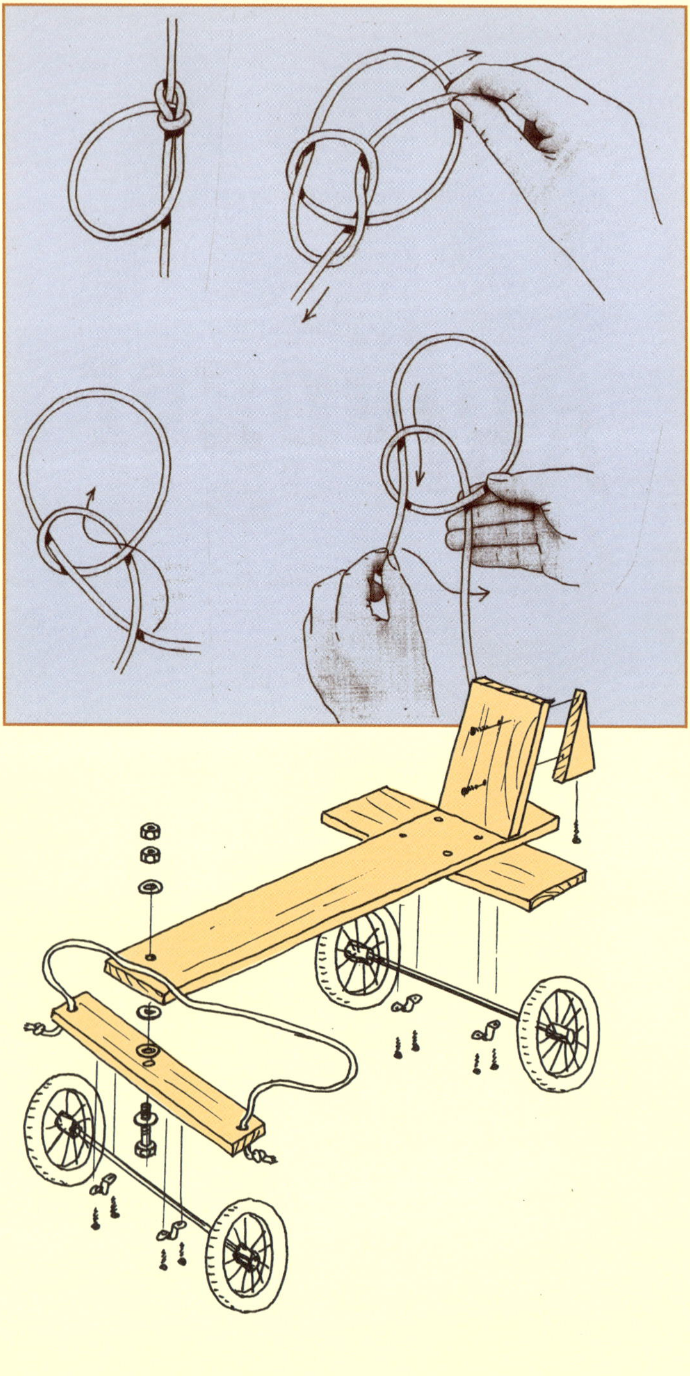

Jack Botermans • Frank van Ark

OPA
für
Anfänger

96 Dinge, die ein echter Opa können muss!

LAPPAN

INHALTSVERZEICHNIS

INHALT

Suchbilder (über das ganze Buch verteilt)		
Einleitung		7
Material und Werkzeug		8
Drachen	Klassischer Drachen	10
	Gleitdrachen	12
	Kampfdrachen	14
Knoten	Palstek	16
	Einfacher Knoten	17
	Kreuzknoten	17
Musik machen	Fliederflöte	18
	Grasflöte	20
	Daumenflöte *Schilfflöte*	21
	Kammblasen	22
	Papptrommel	23
Schießwerkzeug	Wäscheklammerpistole	24
	Katapult	26
	Blasrohr	27
	Pfeil und Bogen	28
Spiele für draußen	Dosenlaufen	30
	»Land-Stechen«	31
	Fahrradklapper	32
	Seifenkiste	34
	Eroberer	36
Basteln	Pappkreisel	38
	Blechdosen-Walkie-Talkie	39
	Hampelmann	40
	Windrad	41
	Kompass	42
	Periskop	43
	Sonnenuhr	44
	Taschentuchmaus	45
	Windspiele	46
	Papierflieger	48
	Grundmodell	48

INHALTSVERZEICHNIS

	Der Flügel	50
	Speedy	52
	Elektromagnet	54
	Gummiball	56
	Unmöglich?	57
	Theaterkasten	58
	Camera obcsura	61
	Daumenkino (1)	62
	Daumenkino (2)	63
	Knalltüte	64
	Versteckte Botschaft	66
	Klettermaxe	68
	Auf dem Nachttopf	69
Spiele für drinnen	Geheimbotschaft (1, 2, 3, 4, 5)	70
	Umkehrfiguren	74
	Schattenspiele	76
	Zimmer zu vermieten	78
	Schiffe versenken	79
	Wolf und Schaf	80
	Katz und Maus	81
	Girlanden basteln	82
	Tischdeckchen schneiden	83
Zaubertricks	Trockener Euro	84
	Zauberportemonnaie	85
	Abgetrennter Daumen	86
	Magischer Geldschein	87
	Schwebende Karte	88
	Schwebende Streichhölzer	89
	Unmöglich?	90
	Starker Atem	91
Leckereien	Pfannkuchen	92
	Armer Ritter	93
	Pommes frites	94
	Folienkartoffeln	95
	Impressum	96

Einleitung

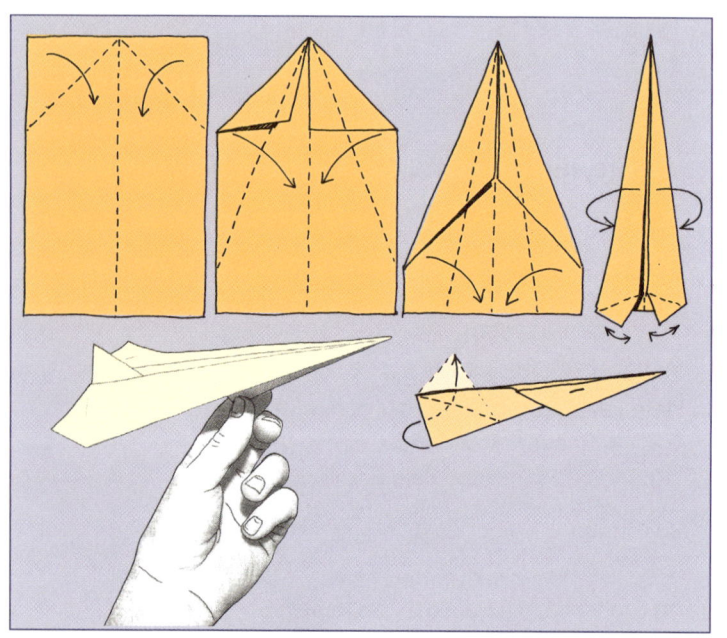

Suchbilder
Witzige Zeichnungen, die du deinen Enkeln zeigen und sie dann fragen kannst:
Was ist das?
Diese Zeichnungen findest du über das ganze Buch verteilt.

Auflösung auf Seite 8

EINLEITUNG

OPA FÜR ANFÄNGER

96 Dinge, die ein echter Opa können muss.

Wie jeder weiß, sind Opas keine gewöhnlichen Menschen. Opas sind etwas ganz Besonderes. Und deshalb können sie auch ganz besondere Dinge. Manchmal scheint es, als würde niemand sonst so viele Fertigkeiten beherrschen. Wahrscheinlich stimmt das nicht. Aber Väter und Mütter sind zu beschäftigt mit Leben, Arbeiten und Erziehen, um diese einfachen, aber besonderen Dinge mit ihren Kindern zu tun. Darum müssen Opas einspringen. Denn die haben die dafür nötige Zeit – und Geduld. In diesem Buch sind 96 Spiele und Bastelanleitungen zusammengestellt, von denen wir finden, dass ein »Anfänger-Opa« sie können sollte. Wahrscheinlich kennen viele Opas die meisten davon – von ihrem eigenen Opa –, aber einige wissen vielleicht nicht mehr, wie es genau funktioniert oder gemacht wird. Nun, dazu ist dieses Buch da.
Ein Opa, der diese Dinge mit seinen Enkeln macht, wird unvergesslich bleiben. Was man seinen Enkelkindern kauft, haben sie nach zehn Jahren vergessen. Doch was man mit ihnen tut, das behalten sie ein Leben lang!
Wir wünschen allen Opas – und ihren Enkelkindern – viel Spaß!

Material und Werkzeug

WAS MAN ZU HAUSE HABEN SOLLTE

Was braucht man eigentlich alles, um ein geübter Opa zu werden?

Für jeden Basteltipp in diesem Buch sind Werkzeug und Materialien angegeben. Das heißt aber, dass man jedes Mal erst ins Geschäft laufen muss. Nachstehend sind Materialien und Gerätschaften aufgelistet, die man im allgemeinen zu Hause hat und die in diesem Buch häufig vorkommen:

alte Zeitungen	Weckgummis
Bastelleim	Superkleber
Schere	Bambusstöcke
Taschenmesser	Säge
Drachenschnur	Konservendosen
Einkaufstüten	Taschenmesser
Locher	Ahle
Trinkhalme	Schuhputzdose
Klebeband	Gummiband
Schnur	Kreuzschlitzschrauben
Nagelfeile	Kreuzschlitz-
Rundholz	schraubenzieher
Kamm	normaler Schrauben-
Wäscheklammern	zieher

Mühle, von zwei ganz dummen Spielern gespielt ... oder von einem einzelnen Spieler.

MATERIAL UND WERKZEUG

Löschpapier
Nägel
Kartonpappe
DIN-A 4-Papier
Streichhölzer
Deckfarbe oder Farbstifte
Musterklammern
Stecknadeln
Nadeln
Garn
Spiegel
Restholz
Handbohrer
Hefter
Kabel
Batterie
alter Fahrradschlauch
Schnürsenkel
Alufolie
Schuhkarton
Lineal
Stift
Bleistift
Pinsel
Transparentpapier
Karopapier
Klarlack
Taschenlampe
Dame-/Schachbrett
Kerzenstummel
Kartenspiel
verschiedene Zutaten
wie Mehl, Zucker,
Kartoffeln

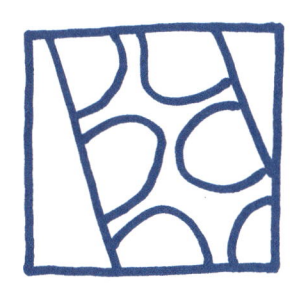

Suchbild
Was ist das?
Auflösung auf Seite 10

DRACHEN

KLASSISCHER DRACHEN

Benötigt werden:
Zeitung
Schere
Bastelleim
Taschenmesser
zwei gerade Stäbe, 40 und 60 cm lang
Rolle Drachenschnur

Wir alle wissen, dass man früher einen Drachen nicht gekauft, sondern selbst gebastelt hat! Genau das machen wir jetzt. Wir beginnen mit dem klassischen Modell: dem Drachen in Rautenform aus Stäben und Zeitungspapier.
Binde die Stäbe zu einem Kreuz zusammen, indem du den kürzeren Stab mit dem längeren Stab auf ca. 20 cm Höhe von oben gemessen zusammenknotest. Verwende hierfür ein Stückchen Drachenschnur. Schnitze dann mit dem Taschenmesser kleine Einkerbungen in die Stabenden und spanne Drachenschnur zwischen die Stabenden, sodass ein stabiler Rahmen entsteht. Lege den Rahmen auf eine Zeitung und schneide den Umriss 5 cm breiter aus. Die Enden schneidest du ab, sodass die Einkerbungen mit der Drachenschnur zu sehen sind. Falte die Ecken um die Schnur und klebe sie fest. Wenn alles gut getrocknet ist, spannst du den Querstab mit einem Stück Leine, bis er sich leicht verbiegt.

Giraffe vor einem Klofenster

DRACHEN

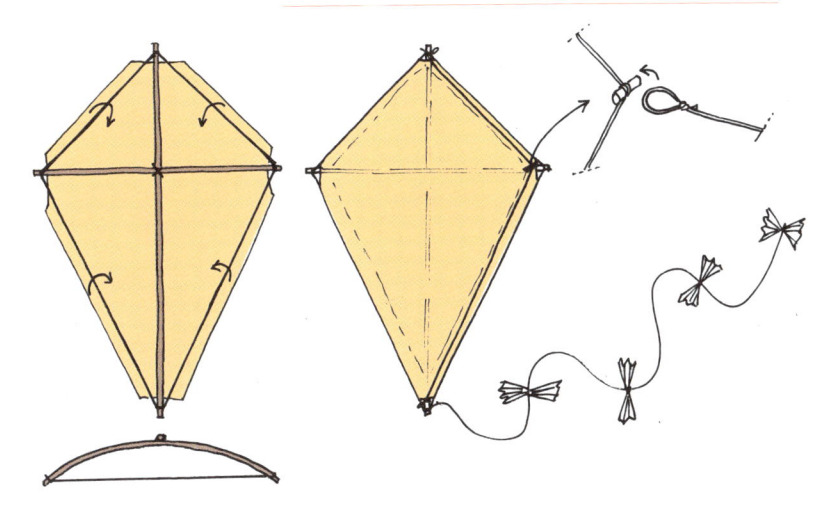

Befestige den Zügel an den Einkerbungen der Ober- und Unterkante des Längsstabs. Die Länge des Zügels bestimmst du, indem du die Schnur an einer Ecke des Drachens abmisst. Schau dir die Zeichnung genau an. Dort, wo die Schnur die Ecke berührt, befestigst du einen kleinen Querstab, den du in der Mitte mit einer Einkerbung versehen hast. Befestige daran die Drachenschnur mit einer Schlaufe (siehe Detailzeichnung).

Nun noch der Schwanz. Falte aus Zeitungsschnipseln einige gleichmäßige Schleifen. Befestige diese in gleichmäßigen Abständen an der Schwanzleine. Diese bindest du unten an den Drachen. Damit der Drachen schön gerade in der Luft steht, entfernst du Schleifen oder fügst welche hinzu. Fertig!

Das Ganze geht natürlich auch mit gespaltenen Bambusstäben und Transparentpapier.

DRACHEN

GLEITDRACHEN

Benötigt werden:
Einkaufstüte aus Plastik
Schere
Taschenmesser
Locher
zwei dicke Trinkhalme
Rolle Drachenschnur

Den Gleitdrachen gab es zu unserer Zeit noch nicht. Das ist schade, denn er ist sehr einfach zu basteln und hat fabelhafte Flugeigenschaften. Und man muss kein Bastelmaterial einkaufen. Schneide eine Einkaufstüte auf und dann das Modell nach nebenstehendem Muster zu. Zeichne zwei Luftlöcher mit einem Schüsselchen oder etwas Ähnlichem auf und schneide sie aus. Verwende zwei dicke Trinkhalme als »Ständer« und klebe diese mit Paketband fest. Stanze mit einem Locher vier Löcher an die dafür vorgesehenen Stellen und befestige hieran den Zügel. Drachenschnur am Zügel festbinden. Fertig!

Suchbild
Was ist das?
Auflösung auf Seite 14

DRACHEN

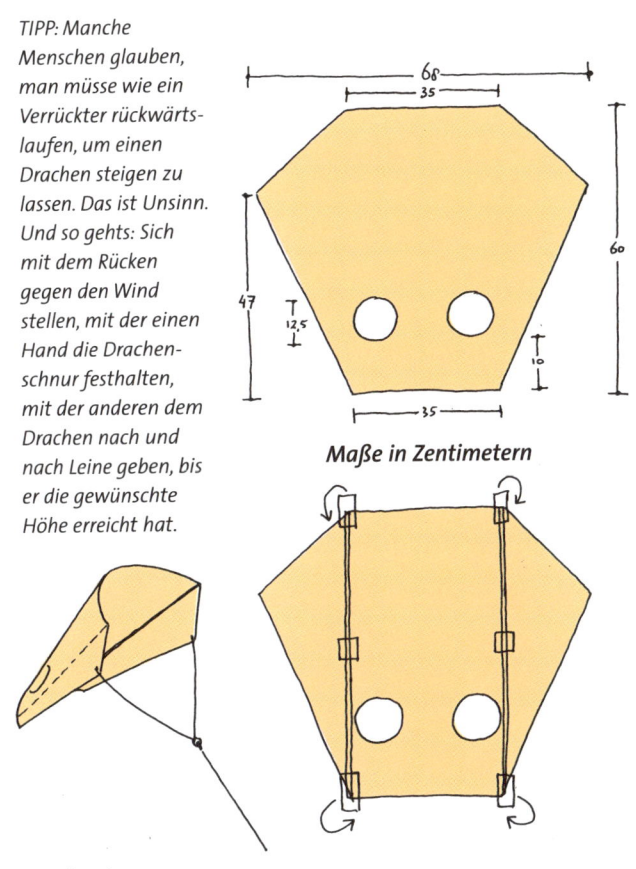

TIPP: Manche Menschen glauben, man müsse wie ein Verrückter rückwärtslaufen, um einen Drachen steigen zu lassen. Das ist Unsinn. Und so gehts: Sich mit dem Rücken gegen den Wind stellen, mit der einen Hand die Drachenschnur festhalten, mit der anderen dem Drachen nach und nach Leine geben, bis er die gewünschte Höhe erreicht hat.

Maße in Zentimetern

Varianten

Der Gleitdrachen kann nach Belieben vergrößert oder verkleinert werden. Verwendet man z.B. eine größere Tüte (von Großmärkten), müssen die Stäbe durch eingekerbten Bambus ersetzt werden. Richtig toll wird er, wenn man echten Drachenstoff (in Spezialgeschäften erhältlich) verwendet. Das Muster muss dann mit einem heißen Lötkolben »ausgeschnitten« werden, um ein Ausfasern zu verhindern.

DRACHEN

KAMPFDRACHEN

Benötigt werden:
Zeitungs- oder Packpapier
Schere
Klebeband
Papierleim
Taschenmesser
zwei dünne und gerade Bambusstäbe, 35 und 60 cm lang
Rolle Drachenschnur

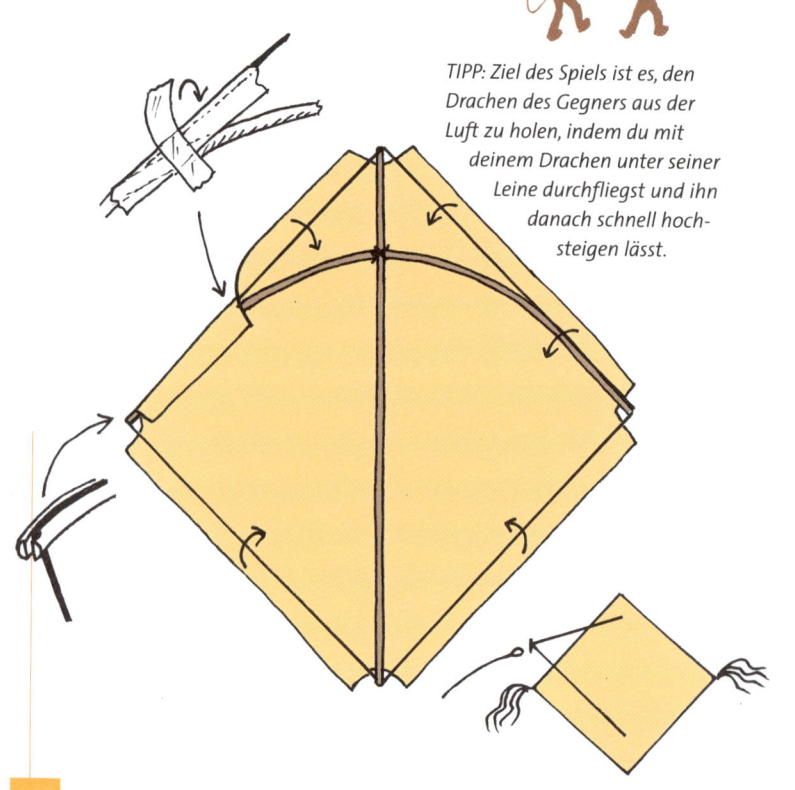

TIPP: Ziel des Spiels ist es, den Drachen des Gegners aus der Luft zu holen, indem du mit deinem Drachen unter seiner Leine durchfliegst und ihn danach schnell hochsteigen lässt.

Ein Tintenfisch, der innig Abschied nimmt von seiner Frau.

DRACHEN

Das schwarze Schaf in der Drachenfamilie ist
der Kampfdrachen, der Nagasaki Hata, der
ursprünglich aus Nagasaki in Japan stammt.
Er ist ein schneller Drachen, der sich gut lenken
lässt. Für einen Kampf benötigt man mindestens
zwei Drachen.
Er wird fast so wie der klassische Drachen gebaut,
aber es gibt einige entscheidende Unterschiede:
Mache aus den Stäben ein Kreuz, wobei der
Querstab am senkrechten Stab 10 cm von der oberen
Spitze befestigt wird. Verwende hierfür ein Stück
Drachenschnur. Kerbe die Enden der Stäbe ein.
Spanne Drachenschnur um das Kreuz, bis sich der
Querstab durch den Zug der Schnur biegt (siehe
Zeichnung). Verstärke die Stelle, wo Schnur und Stab
auseinanderlaufen, mit einem Stück Klebeband.
Nimm Zeitung oder Papier und schneide den Umriss
des Kreuzes mit Extralaschen aus, um das Papier
damit am Kreuz zu befestigen. Schneide die
Eckpunkte ab. Sehr wichtig ist bei diesem Drachen
die Befestigung des Zügels: Mache genau auf dem
senkrechten Stab Löcher in das Papier, eines 5 cm
von der oberen Kante und eines 10 cm von der
Unterkante. Hier befestigst du den Zügel. Die Länge
bemesse anhand der Zeichnung. Befestige die
Drachenschnur an einem kleinen Querstab mit
Einkerbung mittels einer Schlaufe. Verziere die zwei
Ecken des Querstabs mit Papierbüscheln. Dieser
Drachen hat keinen Schwanz. Und jetzt auf in den
Kampf! Du wirst schnell herausfinden, wie sich der
Drachen mit einem kleinen Ruck steuern lässt.

KNOTEN

KNOTEN

Benötigt wird:
Schnur

Für den Fall, dass du mit deinem Enkel einmal Schiffbruch erleidest und ihr auf einer einsamen Insel strandet, solltest du ein paar Knoten beherrschen.
Wenn dir der Kapitän nur einen Knoten mitzunehmen erlaubt, solltest du den Palstek wählen. Dieser alte Seemannsknoten ist leicht zu lösen, auch wenn er nass ist.

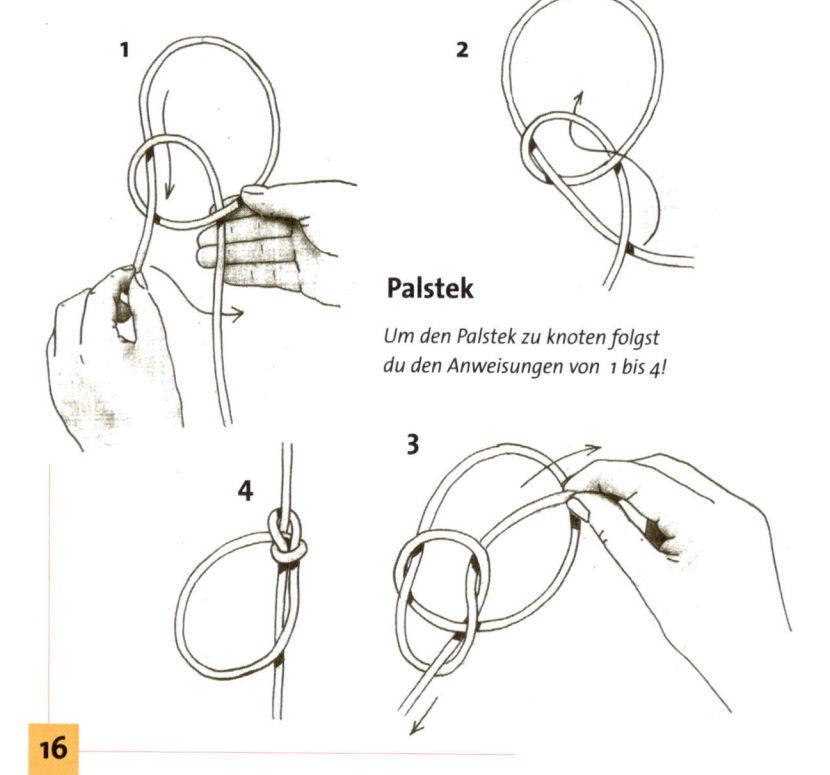

Palstek

Um den Palstek zu knoten folgst du den Anweisungen von 1 bis 4!

KNOTEN

Übrigens müssen nicht nur Schiffbrüchige, sondern auch Opas und Enkel, die Drachen steigen lassen, ein paar Knoten beherrschen. Sowohl der einfache Knoten als auch der Kreuzknoten finden beim Drachenbau Verwendung.

Einfacher Knoten
Er ist der einfachste, und darum kennen wir ihn auch alle. Er ist nicht sehr fest, wird aber häufig verwendet, um das Rutschen anderer Knoten zu verhindern.

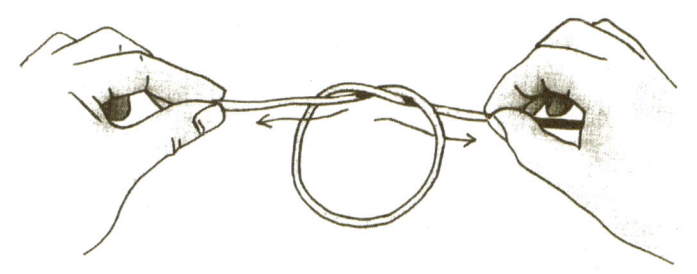

Kreuzknoten
Es ist ratsam, am Ende eines Kreuzknotens einen einfachen Knoten zu machen, damit der Kreuzknoten nicht rutschen kann!

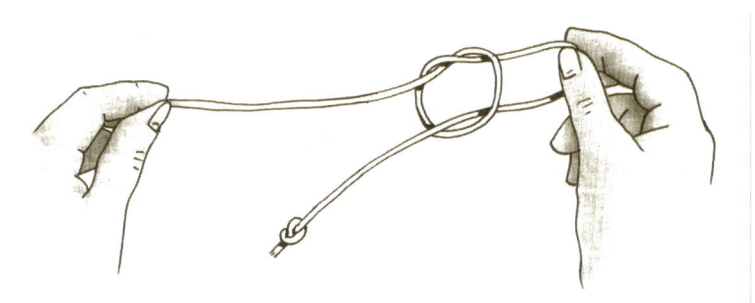

MUSIK MACHEN

HOLUNDERFLÖTE

Benötigt werden:
Holunderzweig, 2 cm Durchmesser, 15 cm lang
kurzes Rundholz, 15 mm Durchmesser
5-mm-Bohrer
Nagel- oder Dreiecksfeile
Taschenmesser

Im Niederländischen gibt es das Wort »Holunderflötenspieler«, das gleichbedeutend ist mit einem aufgeweckten Taugenichts, einem Luftikus, der unbeschwert durchs Leben geht. Diese Holunderflöte gibt es bereits seit Jahrhunderten.

Schneide einen ca. 2 cm dicken Holunderzweig ab, am besten im Winter, dann trocknet er schneller. Gleich nach dem Abschneiden solltest du das Mark des Zweiges mit einer Ahle oder einem Stöckchen entfernen, bevor es sich mit der Innenwand verbindet. Lasse den Zweig eine Woche draußen trocknen, danach eine Woche drinnen und lege ihn dann ein paar Tage auf einen Heizkörper.
Die dickere Seite wird das Mundstück.
Die viereckige Öffnung schnitzt du 2 cm vom Mundstück entfernt 1 cm breit mit dem Taschenmesser aus. (siehe Zeichnung).
Mit einer Nagel- oder Dreiecksfeile feilst du die Öffnung, bis sie die richtige Form hat. Schnitze nun aus dem Rundholz den »Pfropfen«, der das

MUSIK MACHEN

Mundstück abschließt. Dafür musst du zuerst eine Seite gerade und auf 1 cm Breite schneiden. Diese Seite kommt nach oben und bildet den Spalt, durch den man bläst. Fertig ist die Flöte. Je glatter du die Innenseite machst, desto schöner klingt sie.
Wenn du Löcher in die Oberseite bohrst, lassen sich verschiedene Töne spielen.

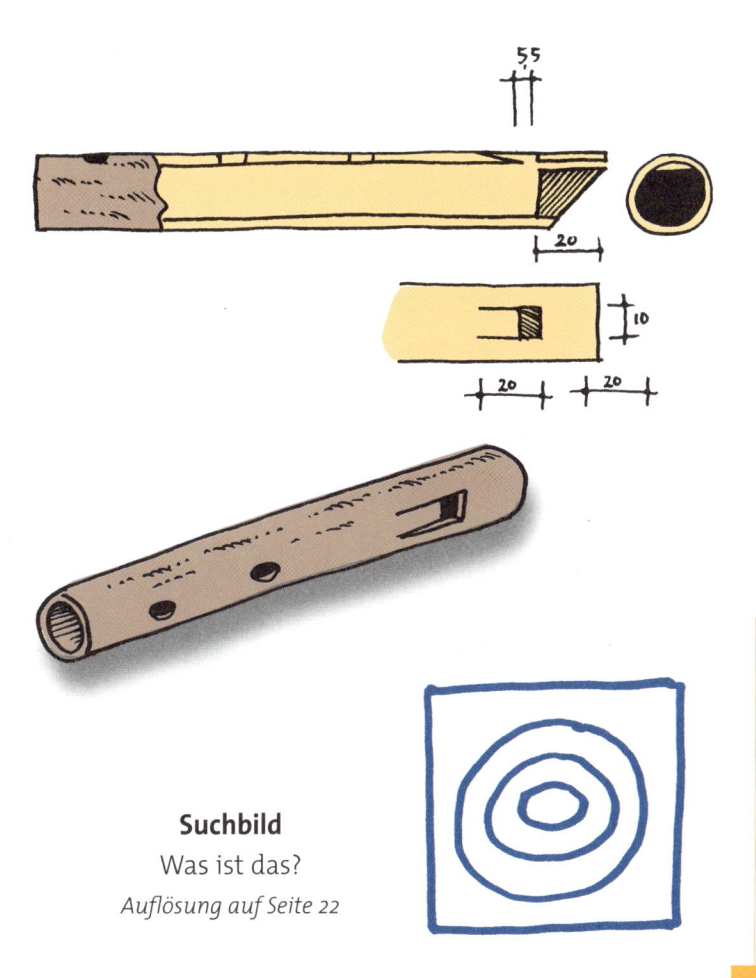

Suchbild
Was ist das?
Auflösung auf Seite 22

MUSIK MACHEN

GRASFLÖTE

Benötigt wird:
ein breiter Grashalm

Dies ist wohl eins der ersten Dinge, die heutige Opas als Knirpse gelernt haben: Die Grasflöte. Suche einen breiten Grashalm. Diesen hältst du zwischen deinen Daumen, wie in der Zeichnung zu sehen. Jetzt musst du nur noch mit dem Mund gegen deine Daumen blasen. Ein breiter Halm gibt einen tiefen Ton, ein schmaler einen hohen Ton. Probiere verschiedene Grassorten aus.
Du wirst vom Ergebnis überrascht sein. Und dein Enkel auch.

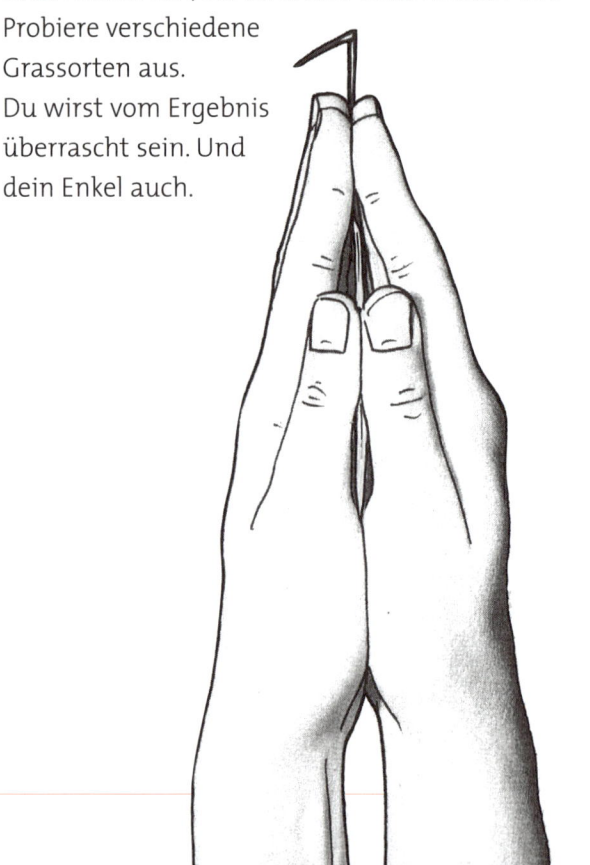

MUSIK MACHEN

DAUMENFLÖTE

Benötigt werden:
zwei Daumen

Noch einfacher geht es kaum. Eine Flöte aus deinen eigenen Händen! Halte deine Hände so, dass ein kugelförmiger Raum entsteht (siehe Zeichnung). Und nun einfach die Lippen an die Öffnung setzen und blasen! Je nachdem, wie du die Form deiner Hände veränderst, bekommst du einen höheren oder tieferen Ton. Wenn du die Daumen dichter zusammenhältst, entsteht ein höherer Ton. Ehe du dich versiehst, kannst du auf deiner Daumenflöte eine ganze Melodie spielen.

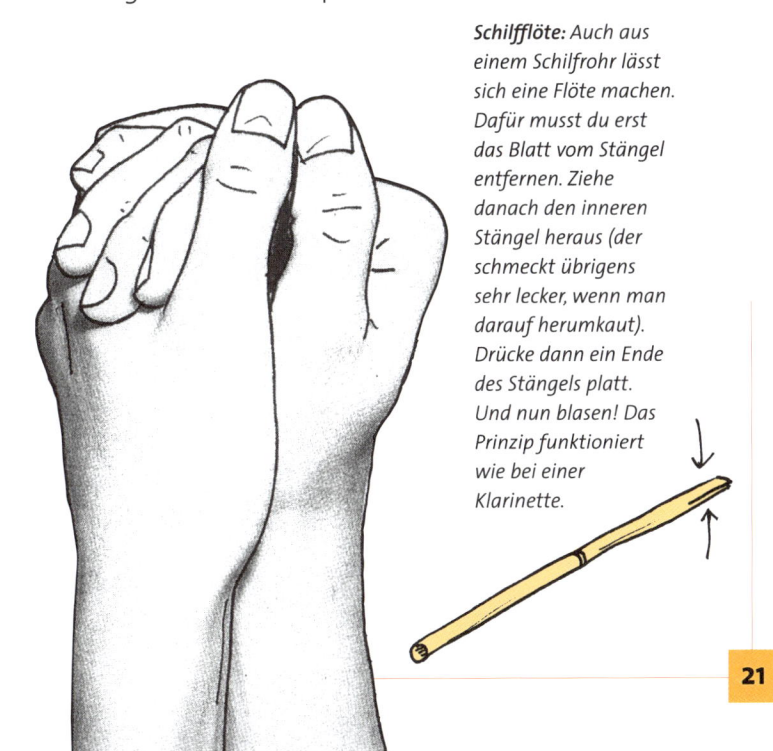

__Schilfflöte:__ Auch aus einem Schilfrohr lässt sich eine Flöte machen. Dafür musst du erst das Blatt vom Stängel entfernen. Ziehe danach den inneren Stängel heraus (der schmeckt übrigens sehr lecker, wenn man darauf herumkaut). Drücke dann ein Ende des Stängels platt. Und nun blasen! Das Prinzip funktioniert wie bei einer Klarinette.

MUSIK MACHEN

KAMMBLASEN

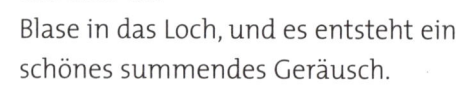

Benötigt werden:
Kamm
Zigarettenpapier
ein bisschen Talent

Kannst du das noch: mit einem Zigarettenpapier und einem Kamm Musik machen?
Lege das Blättchen gegen die flache Seite des Kamms und flöte mit deinen Lippen dagegen. Man muss sich erst wieder an das juckende Gefühl in den Lippen gewöhnen.
Du kannst das Instrument auch aus einem hohlen Ast oder einem Rohr basteln, indem du auf ungefähr 5 cm Abstand von einem der Ränder ein Loch bohrst. Nun spannst du mit einem Gummiband ein Stückchen Plastikfolie über das Ende, wo das Loch ist.  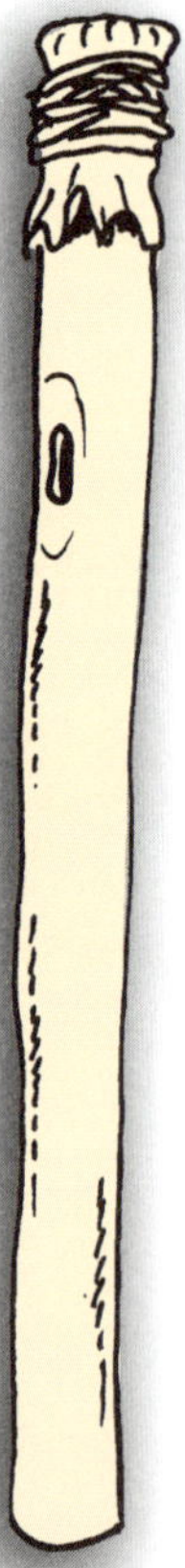
Blase in das Loch, und es entsteht ein schönes summendes Geräusch.

Ein ganz dicker Mann mit Cowboyhut, von oben gesehen.

MUSIK MACHEN

PAPPTROMMEL

Benötigt werden:

Papprollen
Transparentpapier
Klarlack oder
Modellbaulack
Pinsel
Klebeband
Messer

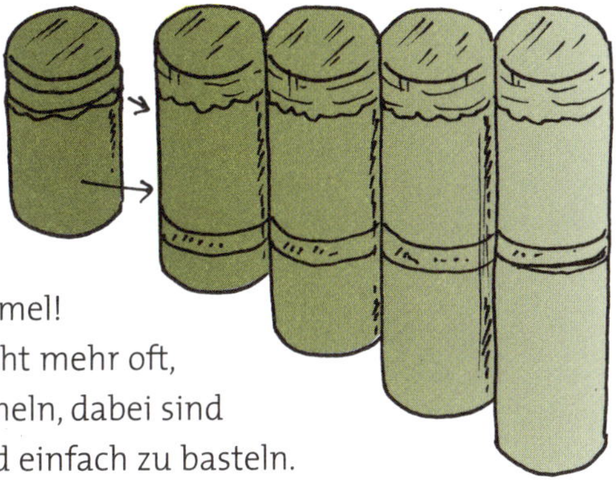

Opa an der Trommel!
Man sieht sie nicht mehr oft,
diese Papptrommeln, dabei sind
sie so schnell und einfach zu basteln.
Schneide die Papprollen auf verschiedene Höhen
zu, z.B. jede Rolle 5 cm kürzer als die letzte.
Befestige bei jeder Rolle Transparentpapier mit
Klebeband über einer der Öffnungen.
Verbinde nun alle Papprollen mit Klebeband.
Lackiere das Transparentpapier und lasse es gut
trocknen. Perfekt wird es mit Modellbaulack,
aber den bekommt man nicht überall.
Die Trommeln werden mit
den Fingern gespielt.

Suchbild
Was ist das?
Auflösung auf Seite 24

23

Schiesswerkzeug

WÄSCHEKLAMMERPISTOLE

Benötigt werden:
zwei Wäscheklammern

Du brauchst zwei Wäscheklammern, eine davon nimmst du auseinander. Schiebe die Feder über eine halbe Klammer, wie in der untenstehenden Zeichnung dargestellt (1–2). Diese schiebst du in die ganze Klammer (3–4). Die Wäscheklammerpistole ist nun bereit zum Laden. Hierfür brauchst du die andere Hälfte der auseinandergenommenen Wäscheklammer. Diese steckst du in die »Waffe« wie in der Zeichnung abgebildet (5). Mit ihr drückst du die Feder der ersten Wäscheklammerhälfte nach hinten, bis diese in eine Rille gleitet (A).
Bleibt nur noch die Frage nach dem Abzug. Dieser ist die Feder, die nach unten heraussteht (B).
Aufgepasst: Nicht auf Menschen oder Tiere zielen!

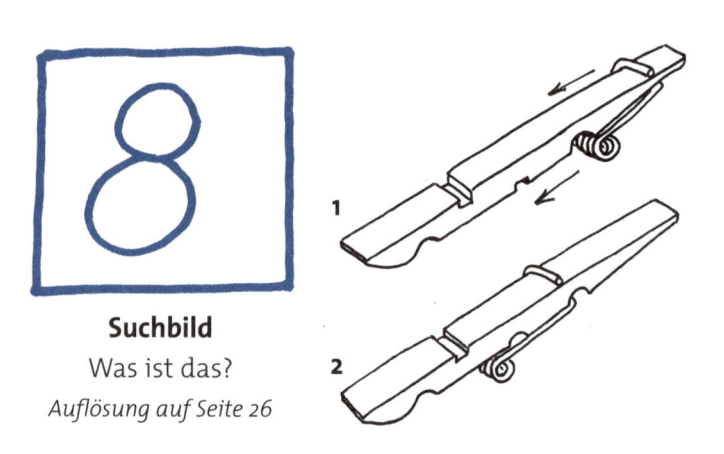

Suchbild
Was ist das?
Auflösung auf Seite 26

Oma als junge Frau nackt in einer Kiste mit Apfelsinen.

SCHIESSWERKZEUG

3

4

5 A ← ← B

TIPP: Nimm ein paar Wäscheklammern als Extramunition auseinander. Die Pistole eignet sich ausgezeichnet zum Zielscheibenschießen.

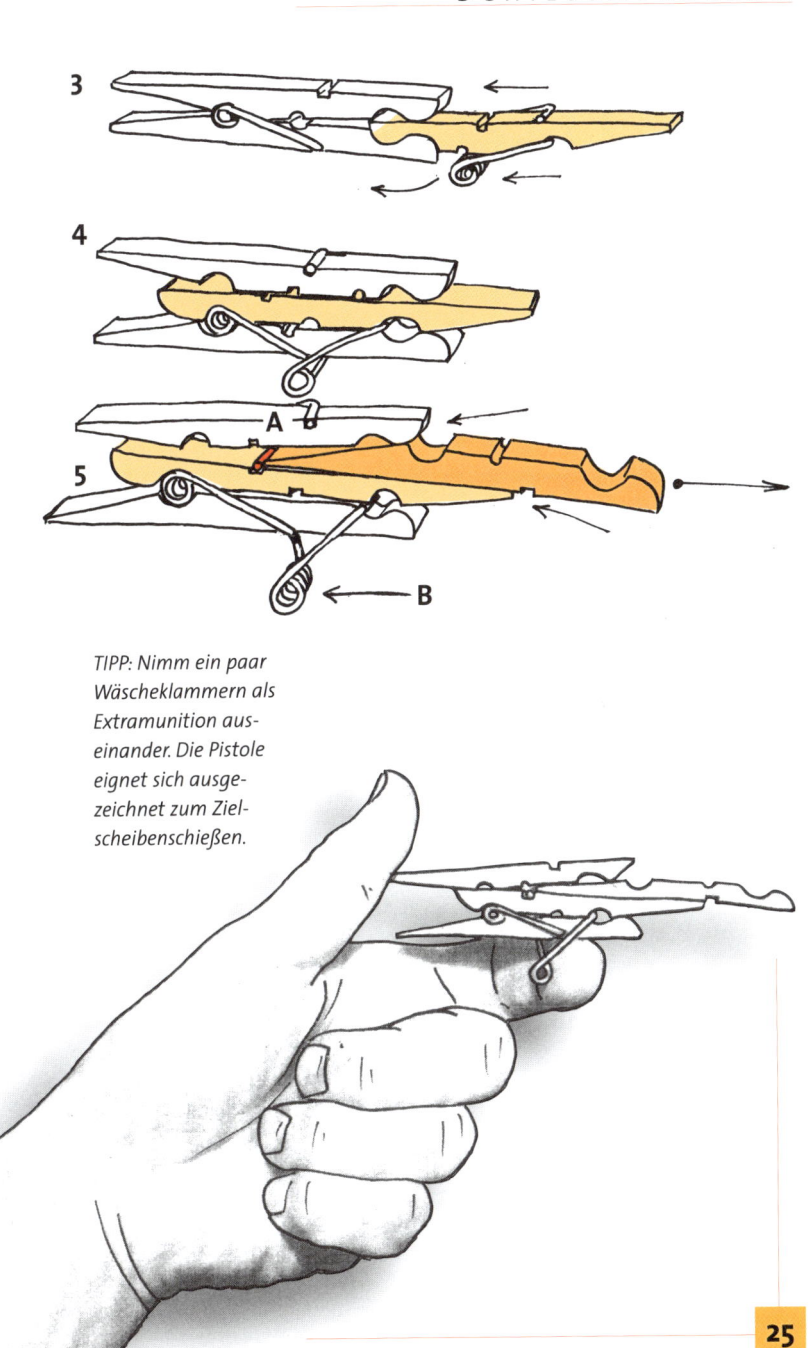

SCHIESSWERKZEUG

KATAPULT

Benötigt werden:
Ast in der Form eines Y
Weckgummi
Superkleber
1 Stückchen Leder, 3 x 6 cm
Schnur
Taschenmesser

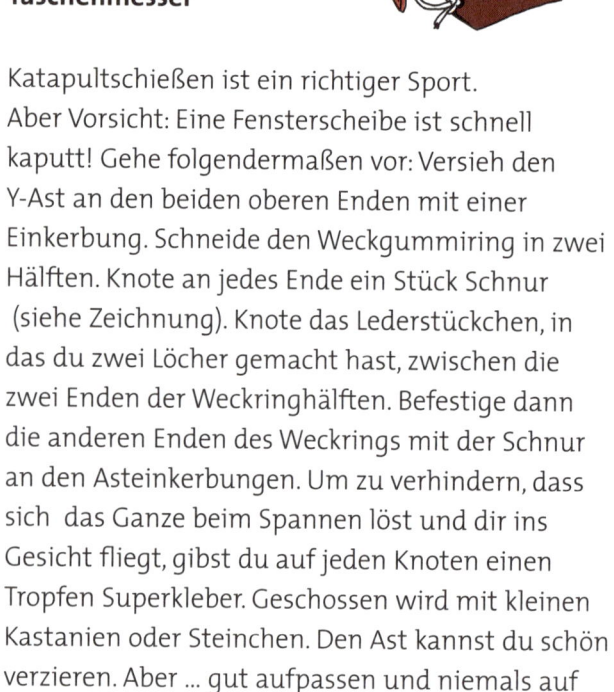

Katapultschießen ist ein richtiger Sport. Aber Vorsicht: Eine Fensterscheibe ist schnell kaputt! Gehe folgendermaßen vor: Versieh den Y-Ast an den beiden oberen Enden mit einer Einkerbung. Schneide den Weckgummiring in zwei Hälften. Knote an jedes Ende ein Stück Schnur (siehe Zeichnung). Knote das Lederstückchen, in das du zwei Löcher gemacht hast, zwischen die zwei Enden der Weckringhälften. Befestige dann die anderen Enden des Weckrings mit der Schnur an den Asteinkerbungen. Um zu verhindern, dass sich das Ganze beim Spannen löst und dir ins Gesicht fliegt, gibst du auf jeden Knoten einen Tropfen Superkleber. Geschossen wird mit kleinen Kastanien oder Steinchen. Den Ast kannst du schön verzieren. Aber ... gut aufpassen und niemals auf Menschen und Tiere richten.

Zwei mal vier

SCHIESSWERKZEUG

BLASROHR

Benötigt werden:
ca. 1 m Elektrokabelhülse
Zeitungs- oder Zeitschriftenpapier

Diese Blasrohre aus Elektrokabelhülsen sind einfach, aber treffsicher. Die eigentliche Kunst ist das Rollen der Pfeile: Zerreiße oder schneide Papier in ungefähr 10 cm breite Streifen (diese Streifen steckte man als Kind so in den Hosenbund, dass sie halb heraushingen – wie eine Rolle Munition). Rolle einen Streifen um einen Zeigefinger zu einem Röhrchen. Ziehe dann mit beiden Händen in einer entgegengesetzt drehenden Bewegung – von der einen Seite an der inneren und von der anderen Seite an der äußeren Papierlage – bis ein spitz zulaufender Pfeil entsteht (siehe Zeichnung). Feuchte die Spitze mit deinem Mund an und stecke den Pfeil in das Blasrohr. Das hintere Stück, das nicht mehr hineinpasst, reißt du ab. Und nun einfach blasen. Ein schneller Luftstoß geht am besten. Beliebte Ziele waren einst offen stehende Schlafzimmer- und WC-Türen. Oder der Opa, der über seiner Zeitung eingenickt war ...

Und nun, Opa, beschreibst du deinen Enkeln das kribbelnde Gefühl in deinen Wangen, nachdem du zwei Dutzend Pfeile abgeschossen hast?

SCHIESSWERKZEUG

PFEIL UND BOGEN

Benötigt werden:

ein kurzer Stock, ca. 3 cm dick
zwei gespaltene Bambusstäbe, 60 x 3 cm
Schnur
Stäbe für Pfeile, 60 cm lang
eine Hühnerfeder pro Pfeil
Taschenmesser
Superkleber
Säge

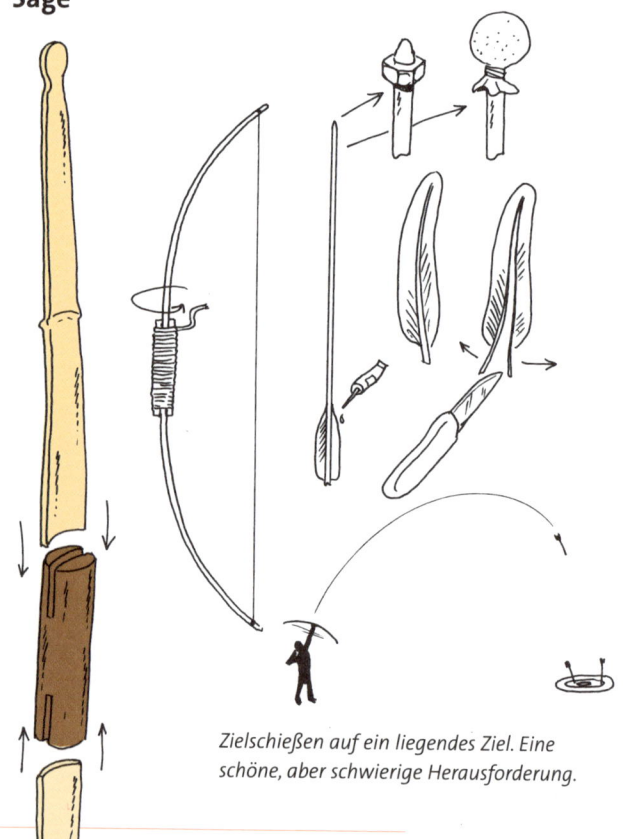

Zielschießen auf ein liegendes Ziel. Eine schöne, aber schwierige Herausforderung.

SCHIESSWERKZEUG

»Was hast du als Kind am liebsten gemacht, Opa?«
»Nun ja, gelesen zum Beispiel. Karl Mays Old
Shatterhand und Winnetou, und die Lederstrumpf-
Romane von James Fennimore Cooper. Cowboy und
Indianer gespielt – und dafür lass uns jetzt Pfeil
und Bogen bauen!«
Kerbe zwei Schlitze von der Breite des gespaltenen
Bambus ungefähr 5 cm tief in den kurzen Stock.
Schnitze die Enden der Bambusstäbe auf
ca. 1 cm Breite zapfenförmig zu. Runde das Ende ein
wenig ab und mache eine kleine Einkerbung (siehe
Abbildung). Stecke die 3 cm breiten Enden der
Bambusstäbe in die Schlitze des kurzen Stockes.
Klebe sie mit Superkleber fest. Umwickle den Stock
fest mit Schnur und sichere diese mit Klebstoff.
Der Bogen kann nun mit einer Schnur gespannt
werden, die an beiden Seiten mit einer Schlaufe
versehen ist. Zwischen Griff und Bogensehne
müssen ungefähr 30 cm Platz bleiben. Spalte die
Federn in zwei Hälften. Klebe sie mit Superkleber
an einem Ende der Pfeilstäbe fest. Die Spitze kannst
du mit einer Mutter beschweren, indem du diese
festklebst. Versieh das Ende mit einer Einkerbung,
mit der du die Pfeile auf der Sehne spannst. Um
gefahrlos auf unbefestigte Ziele wie Dosen oder
Backsteine zu schießen, kannst du an die Stelle der
Pfeilspitze ein Stück Tuch mit Sand binden, aus
dem du eine feste Kugel gemacht hast.

SPIELE FÜR DRAUSSEN

DOSENLAUFEN

Benötigt werden:
zwei leere Konservendosen
zwei Seile à ca. 2 m
Ahle

Als Opa hast du deine verstauchten Knöchel nicht vergessen, aber es war und ist einfach schön, sich ein Stückchen größer zu machen. Stich mit der Ahle zwei gegenüberliegende Löcher dicht am Rand in den Boden jeder Dose. Stecke die Seilenden hindurch und mach einen dicken Knoten in die Seile – schon sind die Dosen fertig zum Gebrauch. Wie bereits gesagt: aufpassen, dass man nicht umknickt. Die Fußsohlen mittig auf die Dosen setzen und das Seil mit der Hand fest nach oben ziehen , damit die Dose während des Laufens unter den Sohlen bleibt. Eine Alternative zu den Dosen sind zwei Brettchen mit Kanthölzern darunter. Damit kann man nicht umknicken. Was noch schöner ist: Enkels Füßchen auf die von Opa und dann zusammen laufen!

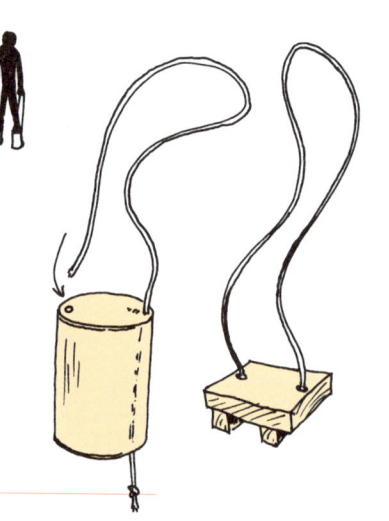

SPIELE FÜR DRAUSSEN

LANDSTECHEN

Benötigt werden:
ein spitzer Stock
»Land«

Wir schreiben hier zwar, dass du das Spiel mit deinem Enkelkind mit einem spitzen Stock spielen kannst, und dafür spricht aus pädagogischen Gründen auch viel, aber wir spielten es natürlich mit einem Taschenmesser.

Zeichne in feuchten Sand oder in nicht allzu festen Lehm ein Viereck. Abwechselnd lassen dann die zwei Spieler ein Messer fallen. Bleibt es stehen, darf der »Werfer« die Messerklinge als Linie verlängern und das Land somit in zwei Teile teilen. Danach lässt der andere Spieler das Messer im kleineren Teil des Landes fallen. Und so weiter. Das Spielfeld wird immer kleiner, und wer es nicht mehr schafft, die Fläche zu teilen, der hat verloren.

SPIELE FÜR DRAUSSEN

FAHRRADKLAPPER

Benötigt werden:
eine leere Schuhputzdose
drei feste Holzwäscheklammern
dicke Gummibänder
Stückchen dünnes Seil (z.B. Drachenschnur)
ein Fahrrad mit Schutzblechen

Eine Fahrradklapper ist ein Krachmachding, das an der Schutzblechhalterung befestigt wird. Beim Fahren erzeugt dieses Ding ein klapperndes Geräusch. Je schneller man fährt, desto lauter klappert es. Achtung: Nicht aus Versehen rückwärts fahren, denn dann kommt es in die Speichen, und das bekommt ihm nicht gut.

Befestige zwei Wäscheklammern an der Unterseite der Schuhputzdose gut mit Gummibändern, die du kreuz und quer um die Dose wickelst (du merkst selbst wie viele du benötigst).
Nimm eine dritte Wäscheklammer auseinander und befestige sie mit der dicken Seite an der Oberseite der Dose, indem du sie unter die Gummibänder schiebst. Das dünne Ende muss ein wenig rausgucken. Das Ganze klemmst du mit den zwei Wäscheklammern an der Schutzblechhalterung fest, so weit wie möglich an der Außenkante des Fahrradreifens. Die hervorstehende Klammer darf die Speichen nur gerade eben

SPIELE FÜR DRAUSSEN

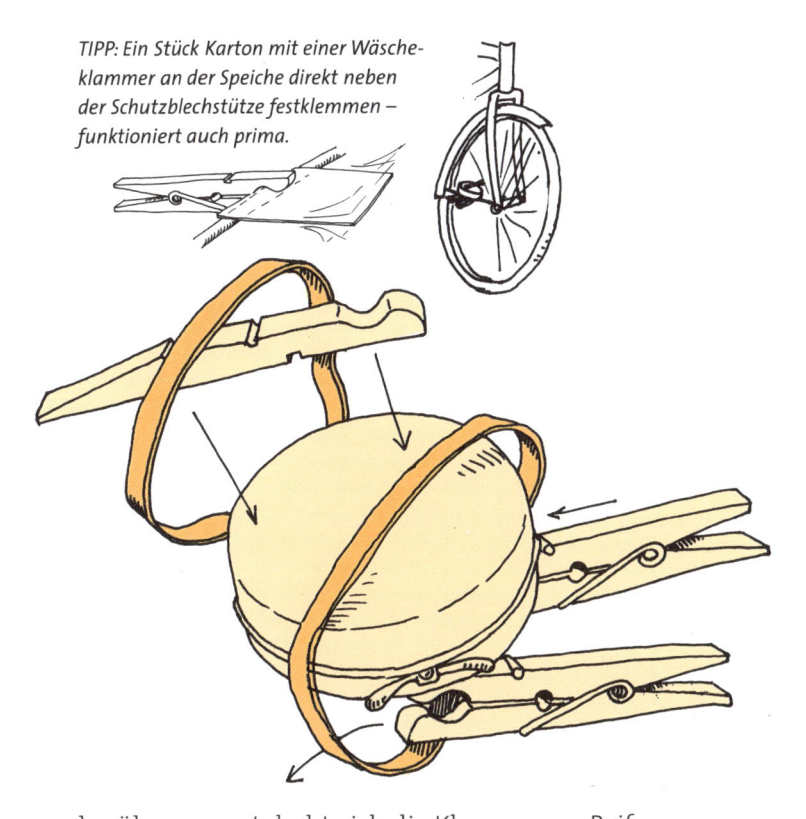

TIPP: Ein Stück Karton mit einer Wäscheklammer an der Speiche direkt neben der Schutzblechstütze festklemmen – funktioniert auch prima.

berühren, sonst dreht sich die Klapper vom Reifen weg. Das Einstellen ist Präzisionsarbeit.
Um dies zu umgehen, kannst du eine Schnur von den zwei Wäscheklammern zum Lenker spannen. Du kannst das Ganze ein bisschen fester anziehen und das Geräusch durch mehr oder weniger Spannung verändern (zumindest, wenn du die Klapper am vorderen Schutzblech befestigt hast. Hinten kannst du sie am Gepäckträger oder an der Schutzblechhalterung befestigen, hier kannst du aber nichts verändern).

Spiele für draussen

SEIFENKISTE

Benötigt werden:

drei Bretter, ca. 20 cm breit, 2 cm dick und je 30, 50 und 100 cm lang
ein Brett, 50 x 10 cm
15 Kreuzschlitzschrauben, 25 mm lang
vier Unterlegscheiben von 4 cm Durchmesser mit einem Loch von 12 mm Durchmesser
Bolzen, 6 cm lang, mit zwei Muttern
festes Seil von 150 cm Länge
zwei Paar Kinderwagenreifen oder Ähnliches
mindestens vier Metallklemmen

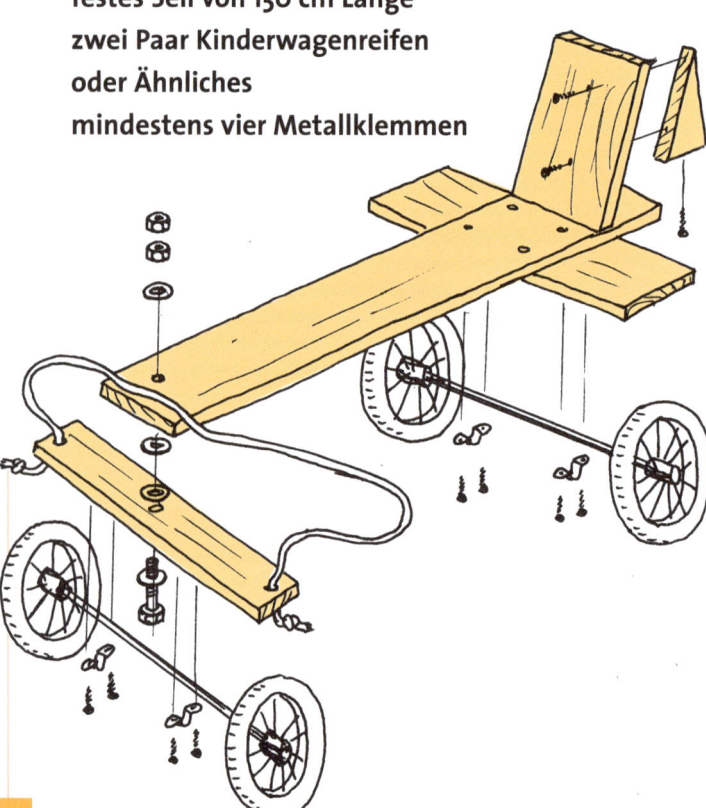

Spiele für draussen

Alte Erinnerungen werden Wirklichkeit: Dies ist die denkbar einfachste Seifenkiste, die je gebaut wurde, und sie ist und bleibt unschlagbar. Das benötigte Material und die Maße sind eher Schätzwerte. Vielleicht soll der Wagen größer sein oder die Räder hinten größer oder was auch immer. Die Zeichnung zeigt lediglich das Prinzip. Befestige das Querbrett hinten unter der Rückenlehne mit Kreuzschlitzschrauben unter dem langen Brett. Die Rückenlehne muss an der Rückseite mit einem dreieckigen Brett extra verstärkt werden. Dieses Brett kann aus Restholz gemacht sein. Das Maß ist ziemlich egal. Die Lenkung vorne besteht aus einem Querbrett, das mit einem festen Bolzen und vier Unterlegscheiben am langen Brett befestigt wird. Die zwei Muttern sichern sich gegenseitig am Ende des Bolzens – es wäre lästig, wenn die Lenkung nicht mehr funktionieren würde! Ziehe die Schrauben nicht zu fest an, sonst fällt das Lenken ziemlich schwer. Befestige die Achsen mit altmodischen Klemmen für Elektrokabelröhren, die es immer noch zu kaufen gibt. Zur Stabilisierung kannst du auch mehrere Metallklemmen verwenden. Benutze das Seil zusammen mit deinen Füßen zum Lenken. Und jetzt heißt es einen Hügel finden. Aufgepasst: Gebremst wird mit den Füßen. Also vorsichtig beginnen und Sohlen sparen.

SPIELE FÜR DRAUSSEN

EROBERER

Benötigt werden:
**eine oder mehrere Kastanien
Schnürsenkel oder 60 cm
lange Schnur für jede Kastanie
Drahtstift oder Schraubnagel**

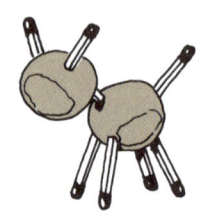

Tipp: Spaß macht es den Kleinen auch, aus Kastanien und Streichhölzern lustige Figuren zu basteln.

Dieses Spiel spielten viele Schuljungen in England, Schottland und Australien, aber auch auf hiesigen Schulhöfen wurde es gespielt. Der echte »Eroberer« besteht aus einer Kastanie, die an eine feste Schnur gebunden wird.

Es gibt zwei Spieler, von denen einer versucht mit seinem »Eroberer« den des anderen zu zerbrechen und auf diese Weise zu »erobern«. Suche harte, schön abgerundete Kastanien. Bohre mit einem Drahtstift oder einem Schraubnagel ein Loch durch die Mitte. Pass auf, dass dabei rund um das Loch keine Risse entstehen. Ziehe den Schnürsenkel bzw. ein Stück Schnur durch das Loch und mache an einer Seite einen festen Knoten.

Nun wickelt jeder Spieler das lose Ende des »Erobererseils« zweimal um seine Hand. Derjenige, der zuerst »Erster!« ruft, darf anfangen zu schlagen. Der herausgeforderte

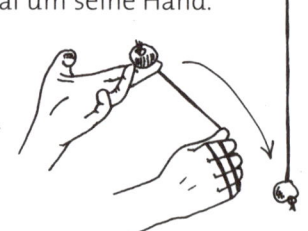

SPIELE FÜR DRAUSSEN

Spieler steht mit ausgestrecktem Arm bereit; sein »Eroberer« hängt ca. 20 cm unter seiner Hand. Der »Eroberer« muss ruhig hängen bevor begonnen

Jedes Mal, wenn ein bestimmter »Eroberer« unzerbrochen aus einem Kampf hervorgeht, bekommt er einen neuen Titel: Hat er einen »Eroberer« angeknackst oder gar zerbrochen, heißt er »Einmal«. Bei zwei Siegen »Zweimal«, bei drei Siegen »Dreimal« usw. Schlägt ein »Zehnmal« einen »Fünfmal«, wird er zu einem »Fünfzehnmal«.

werden darf. Der Herausforderer steht auf vorher abgesprochenem Abstand und hält den »Eroberer« zwischen Zeige- und Mittelfinger der linken Hand (siehe Zeichnung). Er zielt ... und schwingt dann mit der rechten Hand seinen »Eroberer« gegen den des Gegners. Wenn er ihn verfehlt, hat er noch zwei Versuche. Trifft er, ohne dass einer der »Eroberer« beschädigt wird oder zerbricht, ist der andere Spieler an der Reihe. Es gewinnt derjenige, dessen »Eroberer« am längsten heil bleibt. Wenn sich die Seile beim Schlagen verheddern, bekommt derjenige Spieler, der als erster »Schnur!« ruft, einen Extraschlag. Lässt einer aus Versehen seinen »Eroberer« fallen, dann darf der andere draufspringen, nachdem er zuvor »zertreten!« gerufen hat. Der Besitzer kann ihn davon abhalten, indem er »nicht zertreten!« ruft. Ein zertretener »Eroberer« gilt als Sieg für denjenigen, der ihn zertreten hat, wenn die Regeln befolgt wurden und er also wirklich erst »zertreten!« gerufen hat. Wenn die Schnur reißt, gilt das nicht als Sieg.

BASTELN

PAPPKREISEL

Benötigt werden:
ein Stück Pappe
ein Streichholz
Schere oder Taschenmesser
Farbe oder Farbstifte

Auch Kleinigkeiten machen glücklich. Schneide einen Kreis in der Größe eines alten Fünf-Mark-Stückes aus Pappe aus. Male die Scheibe schön bunt an und steche ein Streichholz durch die Mitte (1/3 unten, 2/3 oben). Und nun einfach drehen. Du kannst aus der Pappe auch ein Sechseck ausschneiden, dann kann der Kreisel wie ein Würfel benutzt werden. Wenn du die Pappe nach dem nebenstehenden Muster anmalst, ergibt sich beim Drehen eine völlig andere Farbskala.

Suchbild
Was ist das?
Auflösung auf Seite 40

BASTELN

BLECHDOSEN-WALKIE-TALKIE

Benötigt werden:
zwei Streichhölzer
zwei leere Konservendosen
ca. 15 m Drachenschnur

Was hätten wir früher dafür gegeben, ein Walkie-Talkie zu besitzen! Aber das gab es leider noch nicht als Spielzeugausführung. Doch man konnte etwas basteln, das einem Walkie-Talkie ähnelte:
Nimm zwei leere Blechdosen. Schlage mit einem Nagel ein kleines Loch mittig in den Boden und ziehe das Ende der Drachenschnur hindurch.
Befestige es mit einem Streichholz.
Mache das Gleiche mit der anderen Dose.
Geht nun so weit auseinander, bis die Schnur straff gespannt ist. Jetzt hält einer die Dose an sein Ohr und der andere spricht hinein. Es funktioniert!
Man kann solche Walkie-Talkies auch aus den »Schubladen« von Streichholzschachteln oder aus Eisendrahtrollen basteln.

BASTELN

HAMPELMANN

Benötigt werden:
Pappkarton
(Drachen-)Schnur
mindestens vier Musterklammern
Schere oder Taschenmesser
Farbe oder Farbstifte

Schneide aus Pappe den Rumpf einer Puppe, eines Tiers, eines Geistes oder was auch immer dir einfällt aus. Mache das Gleiche mit den Armen und Beinen bzw. Pfoten. Male alles an.
Mache Löcher in Rumpf, Arme, Beine etc. und befestige diese mit den Musterklammern am Körper. Verbinde die Teile (siehe Zeichnung) auf der Rückseite miteinander. Wenn du nun an der langen Schnur ziehst, bewegen sich die Glieder.

Die Leiter eines Malers, der gerade ins Krankenhaus eingeliefert wurde.

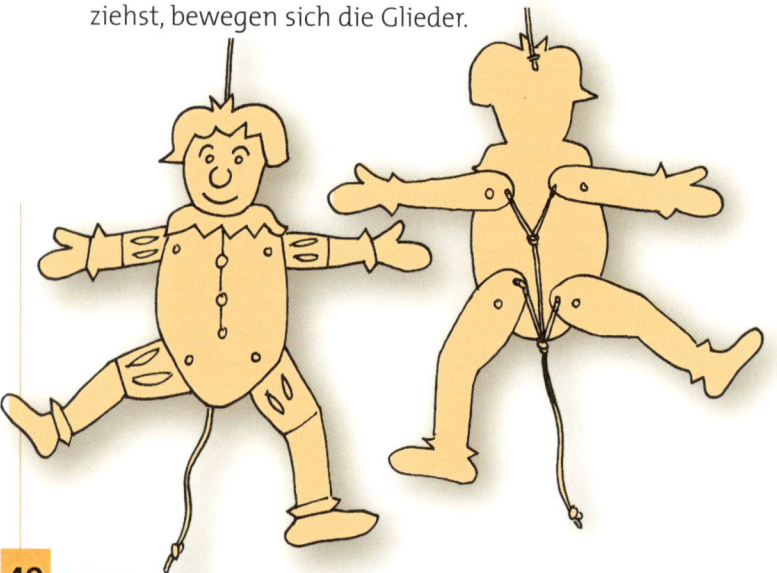

BASTELN

WINDRAD

Benötigt werden:
**ein Stab oder
ein dünnes Rundholz
eine Stecknadel
ein Stück Verpackungskarton, 20 x 20 cm
Schere oder Taschenmesser**

Schön am Fahrrad oder am Buggy: das Windrad. Ritze Einkerbungen in die Pappe von den Ecken bis ca. 2,5 cm von der Mitte entfernt. Biege (nicht falten!) die vier Eckpunkte nach innen, sodass sie sich gerade überlappen. Stecke die Stecknadel hindurch und das Ganze dann knapp unterhalb der Spitze in den Stab oder das Rundholz, .

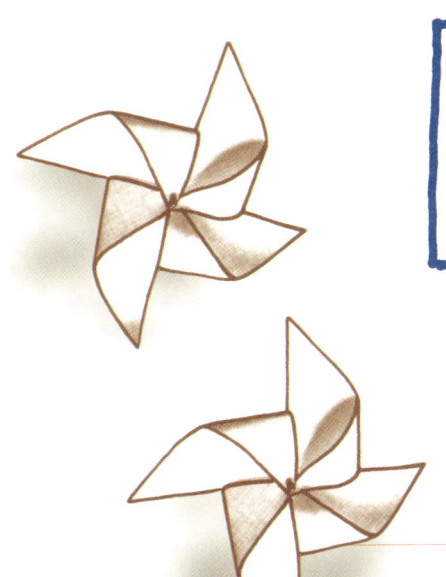

Suchbild
Was ist das?
Auflösung auf Seite 42

BASTELN

KOMPASS

Benötigt werden:
ein Glas Wasser
Nadel
Magnet
ein Stück Papier

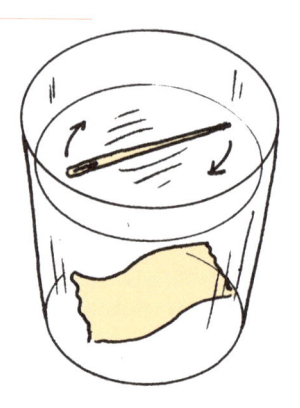

Einen Kompass selber bauen? Nun ja, auf jeden Fall eine Vorrichtung, mit der man Norden (und somit alle anderen Himmelsrichtungen) bestimmen kann. Reibe für einige Minuten mit einem Magneten an einer Nadel entlang, immer in dieselbe Richtung. Das bewirkt, dass nach einigen Minuten auch die Nadel selbst leicht magnetisch ist. Lege die Nadel auf ein Stück Papier und dann beides vorsichtig in ein Glas Wasser (das geht recht gut mit einer Gabel). Das Papier saugt sich mit Wasser voll und sinkt, während die Nadel an der Oberfläche treibt. Dabei richtet sich die Nadel unfehlbar in Nord-Süd-Richtung aus: Der denkbar einfachste Kompass.

Suchbild
Was ist das?
Auflösung auf Seite 44

Zwei verliebte Schnecken

BASTELN

PERISKOP

Benötigt werden:
**Pappe von altem
Schuhkarton
Schere
Klebeband
zwei kleine Spiegel
Klebstoff**

So ein Periskop ist
eine praktische Sache,
um damit um die Ecke zu
gucken. Bastle aus alter Kartonpappe einen
Behälter mit je einem Guckloch an der
Ober- und Unterseite. Die Zeichnung zeigt
dir, wie es gemacht wird. Klebe das Ganze
mit Klebeband fest zusammen. Die kleinen
Spiegel kommen oben und unten in die
Ecken, indem du sie dort mit Klebstoff
befestigst. Du kannst den Kasten ganz lang
machen, aber dann wird das Bild, das von
dem einen zum anderen Spiegel geworfen
wird, sehr klein.

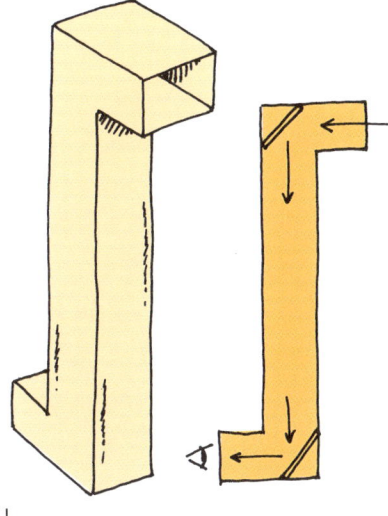

*Ein kleiner Tipp vom FBI:
Ein Spiegel wird schräg
an einer ausziehbaren
Antenne befestigt.
Ein überzeugendes
Taschenmodell.*

43

BASTELN

SONNENUHR

Benötigt werden:
ein Stab/Stock, 60 cm lang,
z.B. von einem Besenstil
ca. 15 kleine Stöcke/Stäbe à 30 cm
oder:
ein Brettchen, ca. 25 x 25 cm
ein großer Nagel, ca. 15 cm lang
ca. 15 kleinere Nägel, ca. 8 cm lang

Schlage den großen Stab oder Stock an einer Stelle, an der den ganzen Tag die Sonne scheint, in den Boden. Ziehe einen großen Kreis um den Stab. Stecke zu jeder vollen Stunde dort, wo der Schatten des großen Stabs hinfällt, einen kleinen Stab in den Boden und schreibe die Stunde dazu. Mache dies 15-mal, und fertig ist die Sonnenuhr.
Du kannst die Sonnenuhr natürlich auch in klein aus einem Brettchen mit Nägeln machen. Dieses musst du dann allerdings immer an die richtige Stelle, was den Sonnenstand betrifft, setzen.

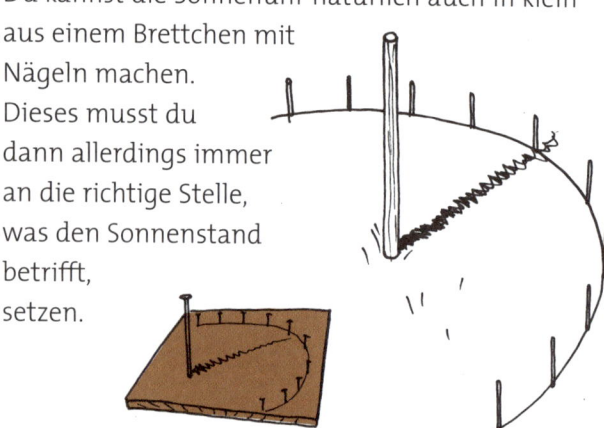

Jemand mit einer schlecht ziehenden Zigarre oder undeutliche indianische Rauchzeichen.

BASTELN

TASCHENTUCH-MAUS

Benötigt werden:
ein feines Herrentaschentuch
Durchsetzungsvermögen

Früher kannten sie viele, aber nur wenige konnten sie basteln.
Nimm ein feines Taschentuch und falte es diagonal auf die Hälfte. Falte beide Seiten nach innen, sodass sie sich leicht überlappen. Rolle die Unterseite auf bis zum Schnittpunkt der Seiten. Falte die Seiten wieder nach innen, sodass sie 2 cm übereinanderliegen. Falte die Spitze nach unten in den entstandenen Spalt. Jetzt wird es schwierig: Rolle nun die Seite mit der nach innen gefalteten Spitze nach innen und die andere nach außen. Wiederhole dies so lange, bis auf einmal Kopf und Schwanz zum Vorschein kommen. Forme an der einen Seite den Kopf, indem du den vorstehenden Zipfel nach innen steckst. Um die Maus springen zu lassen, legst du sie auf den Handteller und die Finger unter den Schwanz. So kannst du sie zum großen Schrecken deiner Enkel blitzschnell wegschnipsen.

BASTELN

WINDSPIELE

Benötigt werden:
festes Papier, 20 x 20 cm
Schere
Holzklotz
Farben
Bleistift
Stöckchen
Ahle oder Handbohrer
Schnur

Windspiele eignen sich wunderbar, um damit in der Winterzeit das Haus oder die Wohnung zu verschönern. Sie werden einfach aus festem Papier gemacht. Zeichne auf ein quadratisches Stück Papier eine Spirale, so wie in der Zeichnung dargestellt.

BASTELN

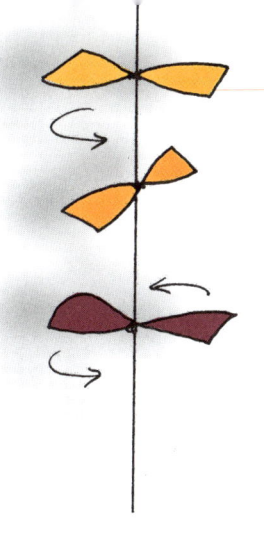

Suchbild
Was ist das?
Auflösung auf Seite 50

Es ist nicht einfach, sie genau zu zeichnen, aber das ist auch nicht erforderlich. Verziere die Spirale mit Farbflecken, indem du z. B. jedes Viertel in einer anderen Farbe anmalst. Mache dies auf beiden Seiten des Papiers. Schneide danach die Spirale entlang der Linien aus. Mache einen Punkt an die Oberseite des Stöckchens. Stecke das Stöckchen in den Holzklotz, in welchen du mit der Ahle oder dem Handbohrer ein Loch gemacht hast. Drücke die Spirale fest auf die Spitze des Stöckchens (nicht durchstechen!). Stelle das Ganze auf einen Heizkörper, und schon fängt es an, sich zu drehen. Eine schöne Variante ist ein Windspiel mit Papierpropellern. Schneide aus festem Papier einige Streifen von 5 x 20 cm zu und male diese an. Drehe die Enden eine Vierteldrehung gegeneinander und knote sie mittig an einer Schnur fest. Du kannst das Ganze richtig lang machen und mit vielen Propellern. Hänge das Windspiel an die Gardinenstange über die Heizung, damit es sich dreht.

BASTELN

PAPIERFLIEGER GRUNDMODELL

Benötigt werden:
ein Blatt Druckerpapier
Hefter oder Klebeband

Dieses Flugzeug hat wohl jeder schon mal gefaltet. Es ist der Typ, der nichtsahnende Lehrer an der Tafel in den Rücken trifft. Es ist schnell und einfach herzustellen und wird aus einem einfachen Blatt Druckerpapier gefaltet. Dieses »raketenartige« Flugzeug bietet eine gute Grundlage, um es weiter zu verzieren. Man kann ihm z. B. die Flügel von Seite 50 aufkleben. Die Heftklammer hält die Flügel an ihrem Platz. Auf der Zeichnung sind sie etwas tiefer festgemacht. Dies verleiht dem Modell mehr Volumen und noch mehr Stabilität.

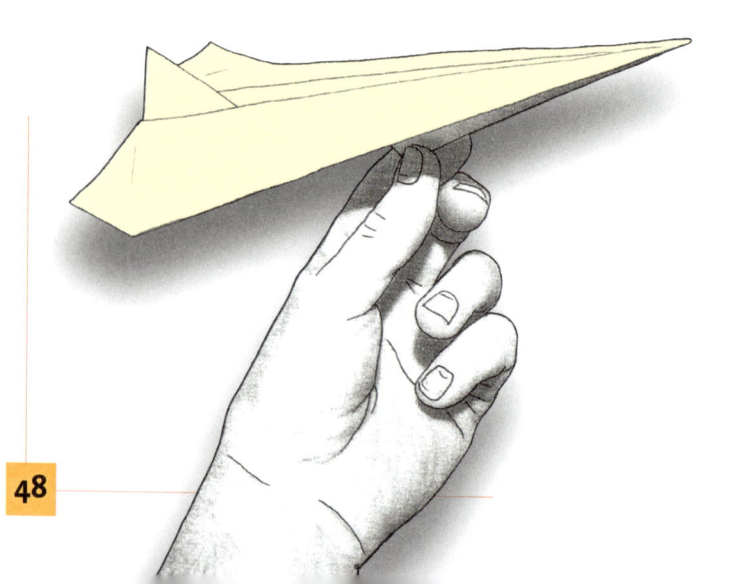

BASTELN

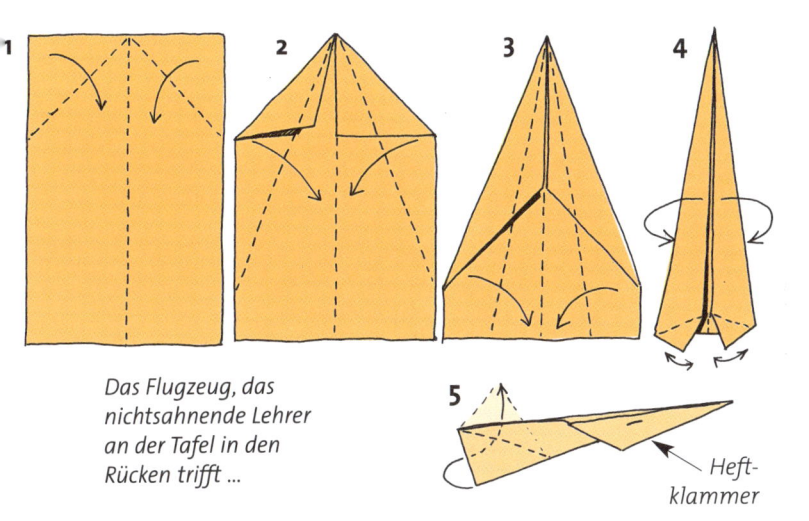

Das Flugzeug, das nichtsahnende Lehrer an der Tafel in den Rücken trifft ...

Heft-klammer

1. Falte ein DIN-A 4-Blatt der Länge nach doppelt und wieder auseinander. Falte danach die Ecken entlang der gestrichelten Linien der oben stehenden Zeichnungen nach innen.
2. Falte beide Seiten entlang der gestrichelten Linie zur Mitte.
3. Falte die zwei Seiten noch einmal genauso bis zur Mitte.
4. Falte das Modell entlang der Mittellinie nach hinten.
5. Hefte die Flügel, wie mit dem Pfeil in der Zeichnung angegeben, fest, nachdem du sie erst ein wenig nach unten gezogen hast. Knicke die hintere Seite entlang der gestrichelten Linie nach innen und nach oben, wodurch der sogenannte Schwanz entsteht. Mache Knicke in die Flügelspitzen: Nach oben für Loopings, nach unten für Tauchflüge, eine Lasche nach oben und eine Lasche nach unten für einen Schleifenflug.

BASTELN

DER FLÜGEL

Benötigt werden:
ein Blatt Papier, 16 x 30 cm
Klebeband

»Ein Flugzeug ohne Flügel fliegt nicht.
Flügel ohne Flugzeug dagegen schon.«
Neuzeitliche chinesische Weisheit.

Flügel tragen den Rumpf, und es ist durchaus möglich, diesen Rumpf wegzulassen.

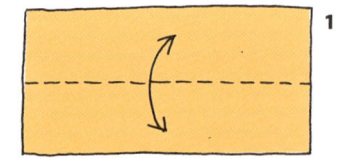

1. Falte das Blatt Papier einmal zur Mitte und wieder zurück.
2. Falte die untere Hälfte mittig in zwei Hälften.
3. Falte wiederum die untere Hälfte in zwei gleiche Hälften ...
4. ... und klebe den Rand mit einem Stückchen Klebeband fest.
5. Ziehe die einfache Lage Papier über eine Tischkante, sodass eine Wölbung entsteht.

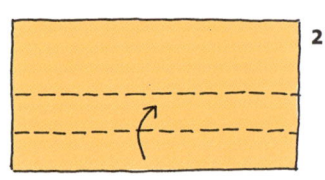

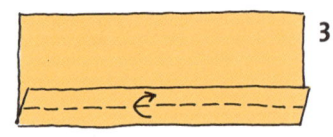

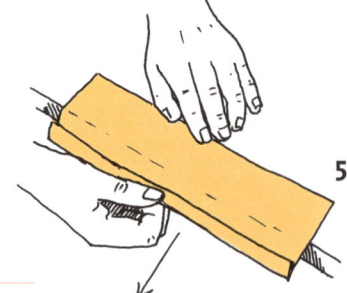

Wurm mit schlechtem Gedächtnis.

BASTELN

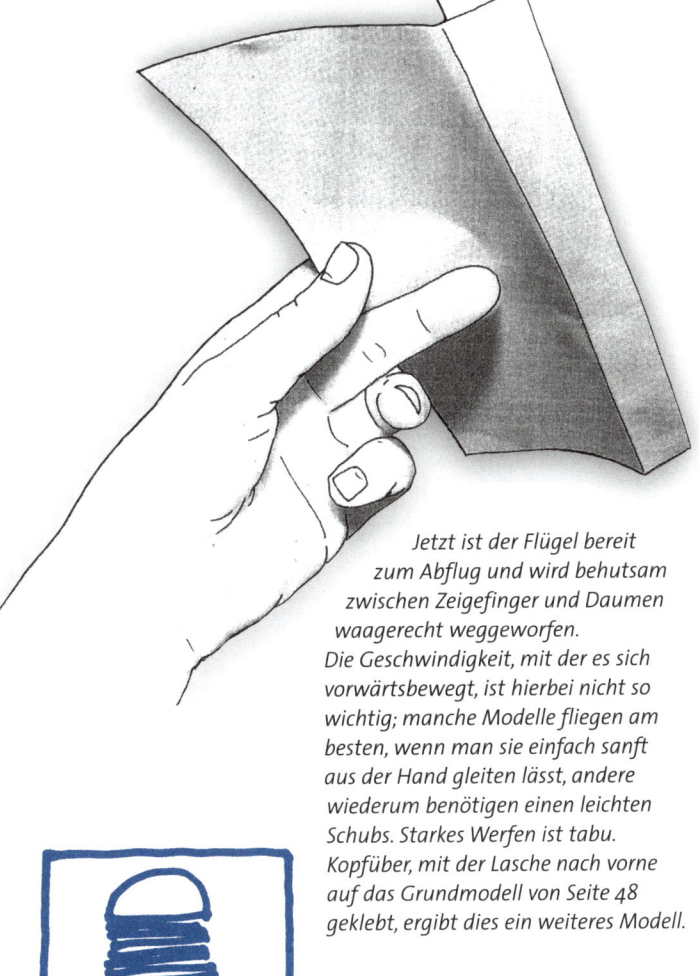

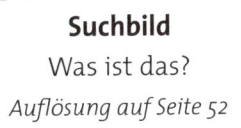

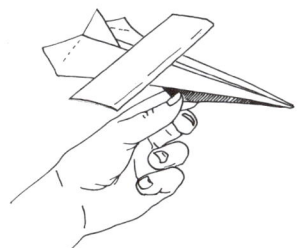

Jetzt ist der Flügel bereit zum Abflug und wird behutsam zwischen Zeigefinger und Daumen waagerecht weggeworfen. Die Geschwindigkeit, mit der es sich vorwärtsbewegt, ist hierbei nicht so wichtig; manche Modelle fliegen am besten, wenn man sie einfach sanft aus der Hand gleiten lässt, andere wiederum benötigen einen leichten Schubs. Starkes Werfen ist tabu. Kopfüber, mit der Lasche nach vorne auf das Grundmodell von Seite 48 geklebt, ergibt dies ein weiteres Modell.

Suchbild
Was ist das?
Auflösung auf Seite 52

BASTELN

SPEEDY

Benötigt werden:
ein Blatt Druckerpapier, 16 x 30 cm
Hefter oder Klebeband

Wir nennen dieses Modell Speedy, weil es sich in der Luft als ein schnelles und kraftvolles Ding mit einem nicht vorhersagbaren Flugverhalten entpuppt. Diese kleinen Flugzeuge sind einfach zu falten und eignen sich somit für eine Serienfertigung. Falte deine eigene Flotte, gib den einzelnen Flugzeugen Namen oder Nummern und lasse sie in großer Zahl und in Dreierstaffeln starten.

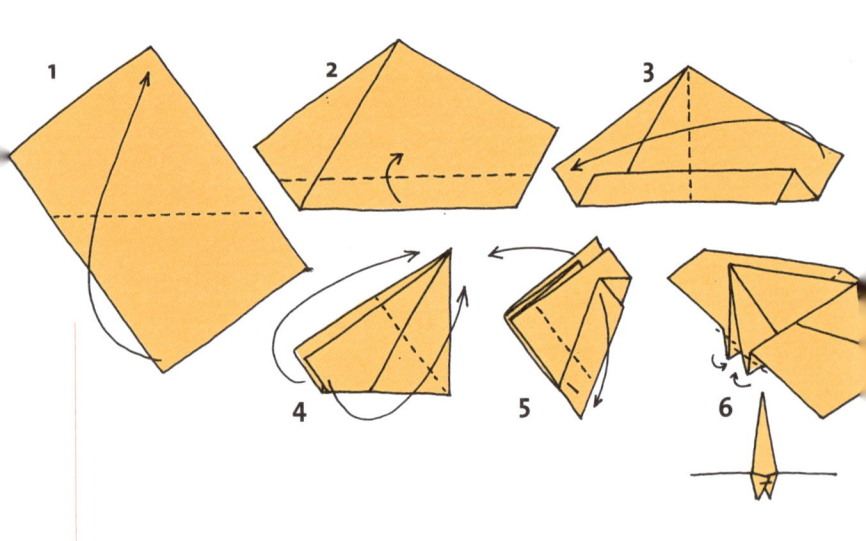

1. Falte die zwei gegenüberliegenden Ecken des Papiers übereinander.

Hamburger für 15 Euro.

BASTELN

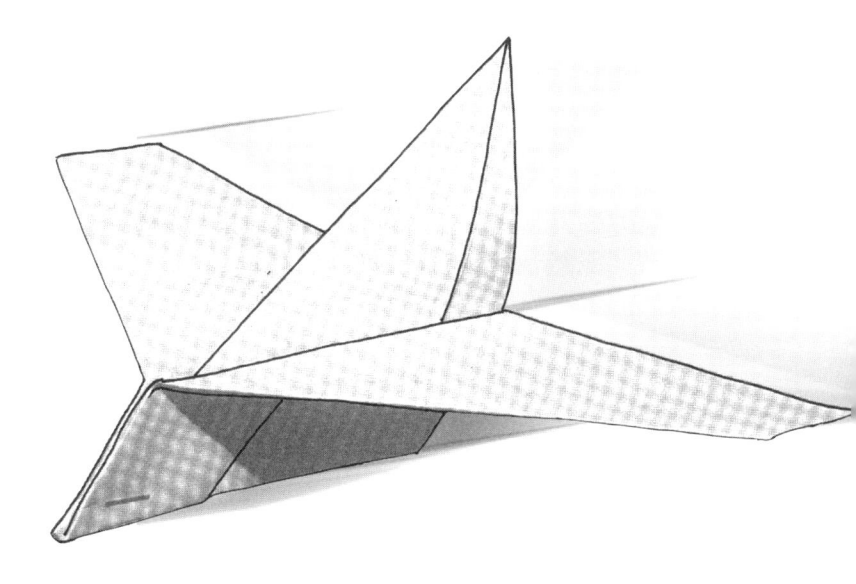

2. Falte die untere Seite nach oben, und zwar genau auf die Hälfte zwischen den seitlichen Ecken.

3. Falte die entstandene Figur entlang der gestrichelten Linie doppelt.

4. Falte die Laschen, wie mit den Pfeilen angedeutet, nach außen.

5. Falte die Flügel entlang der gestrichelten Linie nach außen. Hefte oder klebe die Nase fest.

6. Die zwei Ecken unter dem Schwanz kannst du nach innen biegen und ebenfalls festheften, sodass das Ganze wie in der Zeichnung aussieht.

BASTELN

ELEKTROMAGNET

Benötigt werden:
ein Bolzen, 5-10 cm lang
2 m Klingel- oder Basteldraht
zwei Elektrokabel, je 20 cm lang
Klebeband
Messer
4,5-Volt-Batterie

Fasziniert Groß und Klein und ist zudem schnell und einfach zu basteln: der Elektromagnet. Nimm den Klingel- oder Basteldraht (Kupferdraht mit einer dünnen Isolierschicht aus Schellack) und wickle ihn, am Kopf beginnend, um den Bolzen bis zum Ende (1). Befestige das Ende mit einem Stückchen Klebeband und wickle den Draht wieder zurück zum Kopf des Bolzens (2).

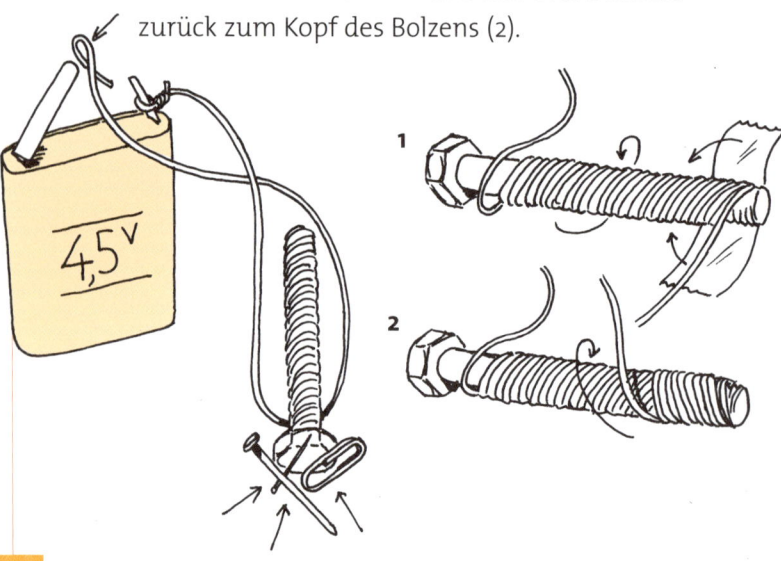

BASTELN

Kartonrückseite

Musterklammern

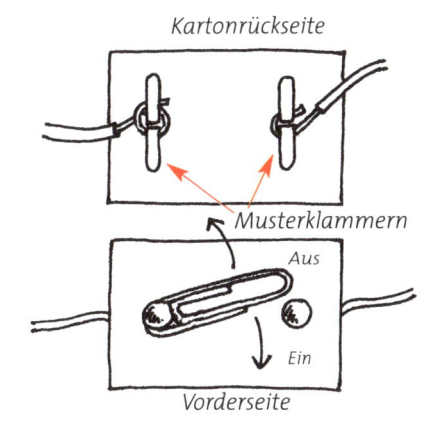

Aus

Ein

Vorderseite

Je mehr Wicklungen, desto stärker der Magnet, mache also die Wicklungen stramm übereinander. Kneife von beiden Enden des Klingeldrahts 2 cm der Isolierung mit einem Messer ab und befestige hieran die beiden Elektrokabel. Jetzt musst du nur noch die anderen Enden des Elektrokabels an der Batterie befestigen, und fertig ist der Magnet.

Wenn du den Magnet nicht gebrauchst, mache einen Draht ab, sonst ist die Batterie schnell leer. Du kannst aber auch einen Schalter zwischen Batterie und Magnet einbauen. Diesen bastelst du aus einem kleinen Stück Karton, einer Büroklammer und zwei Musterklammern. Schau dir hierzu die oben stehende Zeichnung an. Es ist ganz einfach. Befestige den Schalter zwischen Bolzen und Batterie.

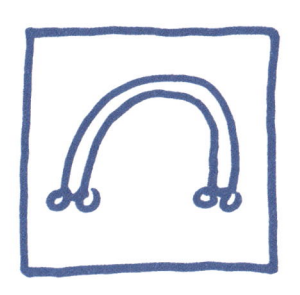

Suchbild
Was ist das?
Auflösung auf Seite 56

BASTELN

GUMMIBALL

Benötigt werden:
ein Fahrradschlauch
ein Stückchen Alufolie oder Zeitung
eine Schere

In einer Zeit, als es kaum Bälle zu kaufen gab, machten wir sie selber. Aus einem alten Fahrradschlauch, einer Schere und einem Kern aus einer Papierkugel. Als Kern verwenden wir heute Alufolie, weil man sie leichter formen kann.
Schneide den Fahrradschlauch in ungefähr einen halben Zentimeter breite Ringe. Aus der Alufolie (oder nassem Zeitungspapier) formst du eine Kugel von 6 bis 7 cm Durchmesser. Um diese Kugel wickelst du die Schlauchbänder – so lange, bis der Ball die richtige Größe hat. Was machte man mit dem Ball? Fußball, Schlagball, Baseball spielen usw.

Wurm auf Rollschuhen.

BASTELN

UNMÖGLICH?

Benötigt werden:
ein Stück festes Papier, 10 x 15 cm
eine Schere

Unmöglich? Nichts ist unmöglich! Nimm das Papier und schneide es, wie in der Zeichnung angegeben, aus. Falte es danach entlang der gestrichelten Linie und ... du traust deinen Augen nicht. Diese Faltfigur kann nicht gehen! Schon gar nicht in den Augen deiner Enkel, wenn sie nicht gesehen haben, wie sie gemacht wurde.

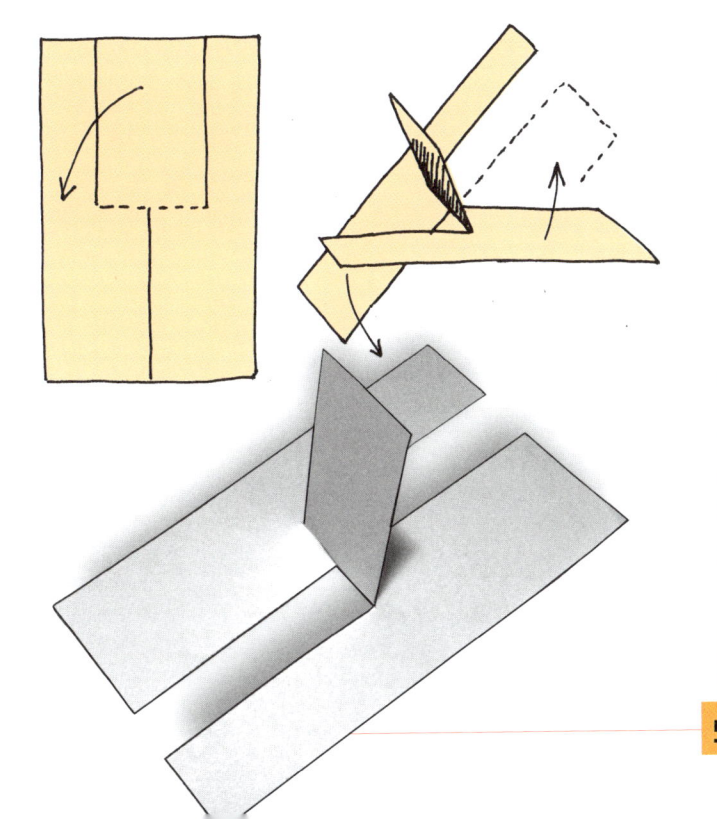

BASTELN

THEATER-KASTEN

Benötigt werden:
ein Schuhkarton
Pappe
Klebeband, Papierleim
Schere/Taschenmesser
ein Lineal
Farben
farbiges Transparentpapier

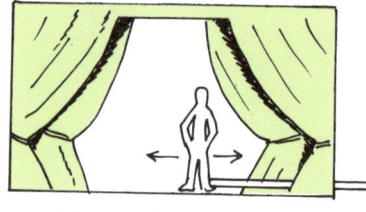

Der Schauspieler wird an einem Streifen hin und her bewegt.

Geh in deinen Erinnerungen mal ein paar Jahrzehnte zurück. Wie bastelte man damals diesen Theaterkasten in vielen Varianten? Um dir aus der Patsche zu helfen, zeigen wir hier, wie's geht: Schneide aus der Pappe Rechtecke aus, die in Breite und Höhe genau in den Schuhkarton passen. Diese werden zu Kulissen. In der Zeichnung sind zwei dargestellt. Natürlich kannst du auch mehr machen. Aber achte darauf, dass die Öffnungen in den Kulissen von vorne nach hinten breiter werden, sodass man die zweite und dritte Kulisse durch die erste sehen kann. Mache z. B. Vorhänge, die von oben nach unten schmaler werden. Male sie an und klebe sie am Karton fest – in der hinteren Hälfte des Kartons, denn sonst kann man durch das Guckloch dahinter gucken. Das Guckloch wird

BASTELN

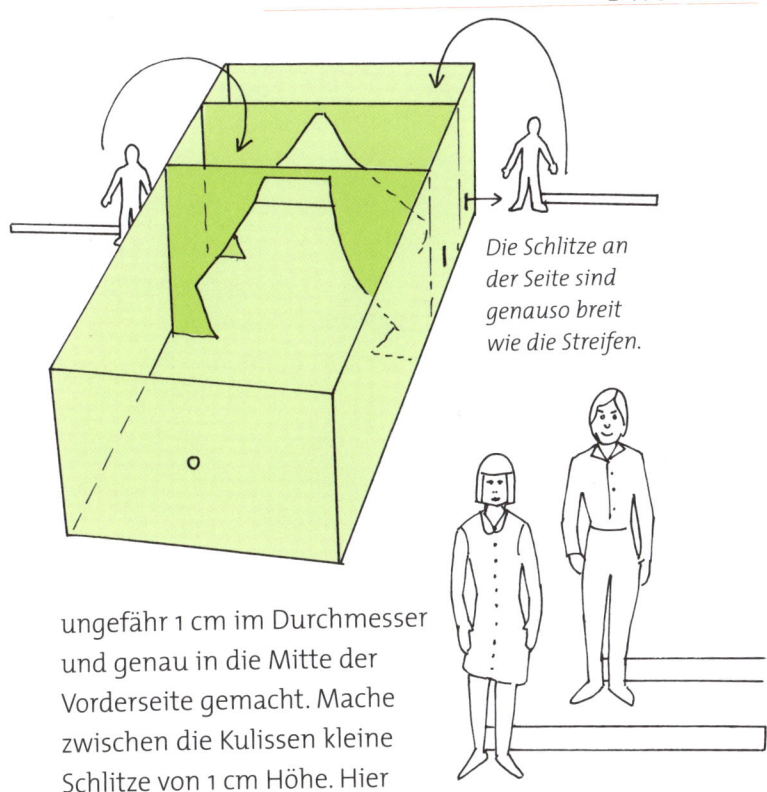

Die Schlitze an der Seite sind genauso breit wie die Streifen.

ungefähr 1 cm im Durchmesser und genau in die Mitte der Vorderseite gemacht. Mache zwischen die Kulissen kleine Schlitze von 1 cm Höhe. Hier schiebst du gleich die Spieler hinein. Diese Spieler machst du auch aus Pappe. Die Zeichnungen sind nur als Beispiel gedacht: Hier kannst du deiner Fantasie freien Lauf lassen und dir die schönsten Figuren ausdenken. Wir zeigen hier zwei einfach zu bastelnde Beispiele.

An deine Figuren klebst du einen 1 cm breiten Streifen, der etwas länger ist als der Schuhkarton. Klebe den Streifen knapp oberhalb der Füße fest. Für den Streifen musst du festeren Karton verwenden, damit die Schauspieler nicht umfallen. Früher verwendeten wir auch schon mal Eisendraht. Die

BASTELN

Streifen mit den Spielern werden so in die Schlitze geschoben, dass die Streifen an der Seite ein wenig herausgucken. Hiermit kannst du die Schauspieler von links nach rechts schieben. Wenn du einen Schauspieler von links auftreten lassen willst, musst du den Streifen links am Spieler befestigen. Wenn der Streifen lang genug ist, kann der Spieler z. B. links auftreten und rechts hinter den Kulissen verschwinden.

Den Deckel versehen wir im rückwärtigen Teil – hinter den Kulissen! – mit einem Lichtfenster. Dieses kannst du mit buntem Transparentpapier bekleben, um das einfallende Licht zu tönen. Früher verwendeten wir hierfür Drachenpapier. Inzwischen kann man Acetat in allerlei Farben kaufen.

Dies ist in Kürze das Prinzip eines Theaterkastens. Die Vorhänge können durch Bäume oder Häuser ersetzt werden. Als Figuren können auch Darstellungen von Autos oder anderen sich bewegenden Gegenständen verwendet werden. Wenn du nicht gut zeichnen kannst, suchst du in einer Zeitschrift nach schönen Abbildungen, klebst sie auf Pappe und schneidest sie aus. Achte darauf, dass die Figuren ungefähr im gleichen Größenverhältnis zueinander stehen. Und jetzt Bühne frei!

Suchbild
Was ist das?
Auflösung auf Seite 62

BASTELN

CAMERA OBSCURA

Benötigt werden:
eine Schachtel, 10 x 10 x 15 cm
dünnes Transparentpapier,
12 x 12 cm
Klebeband
ein Taschenmesser
eine Nadel

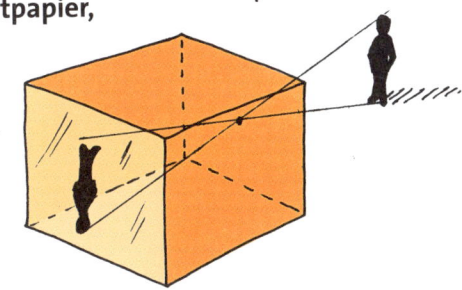

Der Vorläufer der modernen Digitalkamera, die Camera obscura, lässt sich ganz einfach basteln: Nimm aus der Schachtel eine der schmalen Seiten heraus. Verschließe die Öffnung mit dem Transparentpapier. Nun stichst du mit der Nadel ein kleines Loch in die Mitte der gegenüberliegenden Seite – fertig ist deine Kamera! Richte die Seite mit dem Loch auf ein hell erleuchtetes Objekt, und genau dieses Objekt erscheint nun umgekehrt auf dem Transparentpapier. Je kleiner das Loch, desto schärfer das Bild, doch du benötigst eine helle Lichtquelle. Je größer das Loch, desto verschwommener der Gegenstand, doch benötigst du weniger Licht.

Mit einem dunklen Tuch über Kopf und Kamera lassen sich die Bilder besser erkennen.

BASTELN

DAUMENKINO (1)

Benötigt werden:
zwei Blatt Papier (Memoblock)
Kugelschreiber oder Bleistift

Für das einfachste Daumenkino der Welt genügen zwei Blatt Papier. Auf das eine (untere) Blatt zeichnest du ein Bild, z.B. ein einfaches Strichmännchen mit einem Ball zu seinen Füßen. Auf der anderen (oberen) Zeichnung ist ein Strichmännchen, dessen Bein gebeugt ist, und der Ball schwebt in der Luft. Wickle das obere Blatt Papier um den Stift oder Bleistift, sodass es aufgerollt bleibt. Lege nun beide Blätter übereinander und bewege den Stift im oberen aufgerollten Papier hin und her.
Zauberei: Das Strichmännchen schießt den Ball weg.

Prima funktioniert das Daumenkino auch mit zwei Gesichtern.

Was eine Fliege sieht, kurz bevor sie totgeschlagen wird.

BASTELN

DAUMENKINO (2)

Benötigt werden:
Memoblätter (oder selbsthaftende Notizzettel)
Buchbinderleim aus dem Bastelgeschäft oder Kaufhaus
Kugelschreiber oder Bleistift

Sammelfahrscheine und Monatskarten gab es noch nicht, als Opa klein war. Damals riss der Busfahrer die Fahrscheine aus einem kleinen Block, und wenn man Glück hatte, war der Block mit deiner Karte leer. Und wenn man diesen dann vom Chauffeur bekam, machte man ein Daumenkino daraus. Wir verwenden dafür jetzt Memoblätter. Schneide diese eventuell auf das gewünschte Format und klebe sie an einer Seite (›dem Rücken‹) mit Buchbinderleim aneinander. Wiederhole dies für die Stabilität. Fest? Dann kannst du nun zeichnen. Die erste Zeichnung kommt auf das unterste Blatt und dann so weiter bis nach oben. Mache einfache Zeichnungen. Auch hier funktioniert das Strichmännchenprinzip sehr gut. Nimm den Block in die linke Hand und lasse nun die Blätter mit dem Daumen von unten nach oben wandern. Nimm danach den Block in die rechte Hand und lasse die Blätter jetzt von oben nach unten wandern: Alles läuft rückwärts ab.

BASTELN

KNALLTÜTE

Benötigt werden:

**ein Blatt festeres Papier, 21 x 30 cm (DIN-A 4)
Schere**

Einfach zu basteln und äußerst wirkungsvoll: die Knalltüte, eine Art Papierklapper. Sie ist in fünf Minuten gefaltet und hält sehr lange.

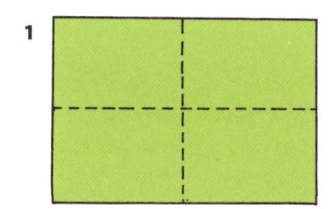

1. Falte das Blatt Papier zweimal zusammen und dann wieder auseinander.

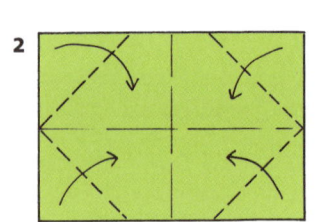

2. Falte die Ecken nach innen.

3. Falte das Ganze doppelt.

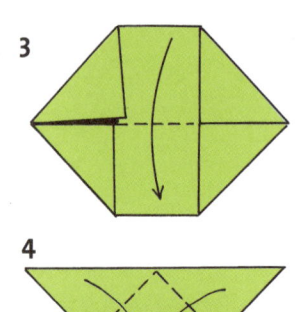

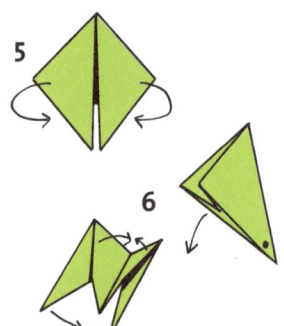

4. Falte die Seiten nach innen zur Mittellinie.

Basteln

5. Falte das Ganze nach hinten doppelt.

6. So sieht das Ganze jetzt aus. Nimm zum Knallen den untersten Zipfel zwischen Daumen und Zeigefinger und mache eine ruckartige Bewegung nach vorne. Hierdurch schießt der nach innen gefaltete Zipfel mit einem Knall heraus.
Mit festem Papier ist das Ergebnis besser. Aber mit zu festem Papier funktioniert es nicht.

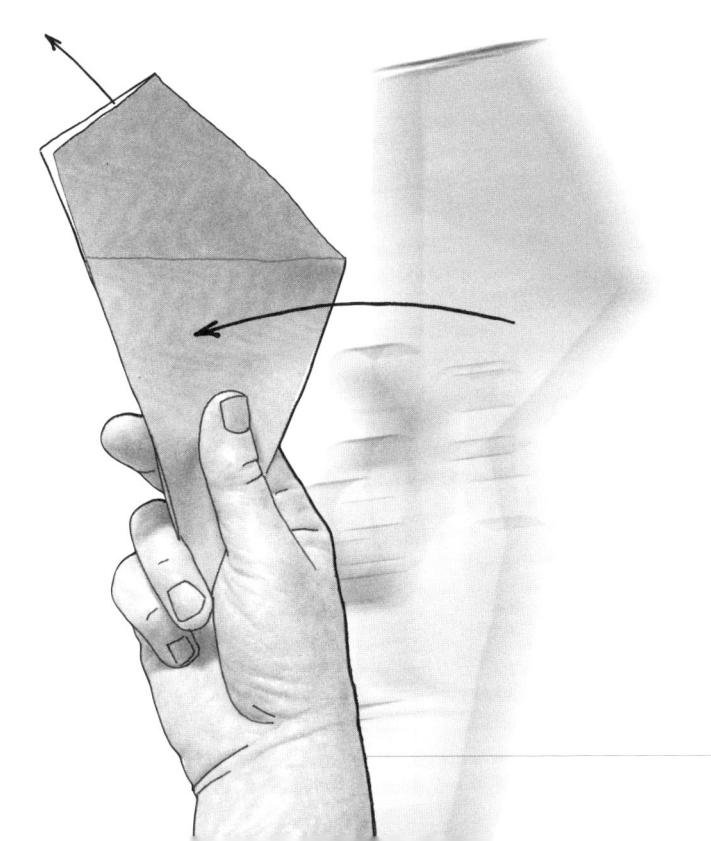

BASTELN

VERSTECKTE BOTSCHAFT

Benötigt werden:
ein Blatt Papier, 21 x 21 cm
Stift

Kennst du das noch? Du fragst dein Enkelkind, ob es wissen will, was es ist und nach einer Zahl. Das Kind stimmt zu und sagt zum Beispiel »Fünf«.
Jetzt flippflappst du fünfmal hin und her. Dann muss dein Enkelkind einen Buchstaben auswählen, woraufhin du unter diesem Buchstaben die verborgene Nachricht hervorzauberst.

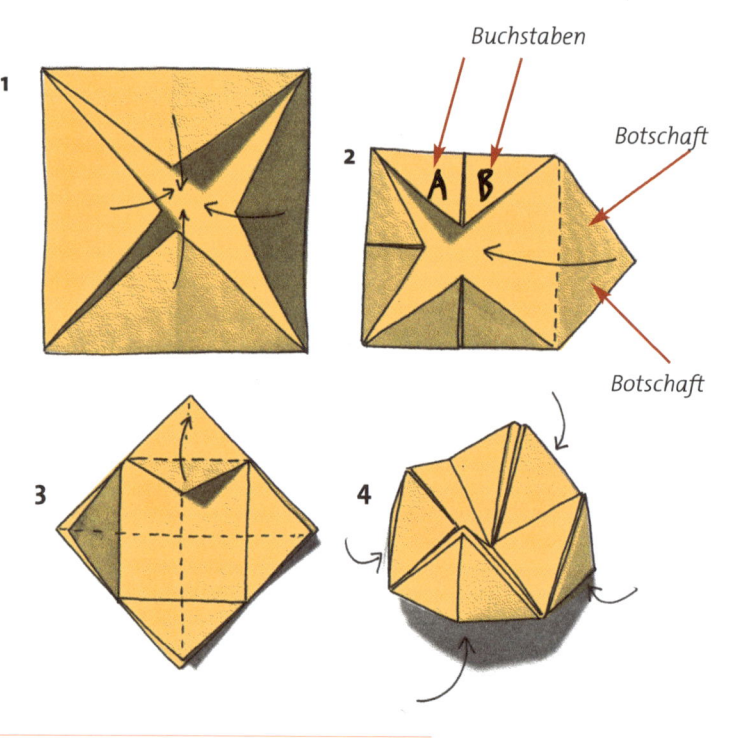

BASTELN

1. Falte die vier Ecken des Papiers bis genau zur Mitte nach innen.
2. Drehe das Ganze einmal um und falte wieder die Ecken zur Mitte.
3. Drehe das Ganze noch einmal um und falte nun die inneren Ecken nach außen. Hier steckst du gleich deine Finger hinein.
4. Falte das Ganze einmal längs und einmal quer doppelt, sodass eine scharfe Kante entsteht.

Stecke nun die Finger in die Ecken, wie in Zeichnung 4 dargestellt. Du kannst ein paar Trockenübungen machen. Jetzt gehen wir zurück zu Schritt 2: Auf die aufgeklappten Ecklaschen schreibst du acht Buchstaben. Klappe danach die Laschen hoch und schreibe hier eine Botschaft hin, z. B.: Schätzchen, Dummkopf, Klugscheißer, zum Anbeißen, Würstchen, Hasenköttel, Waschlappen, Superstar ...

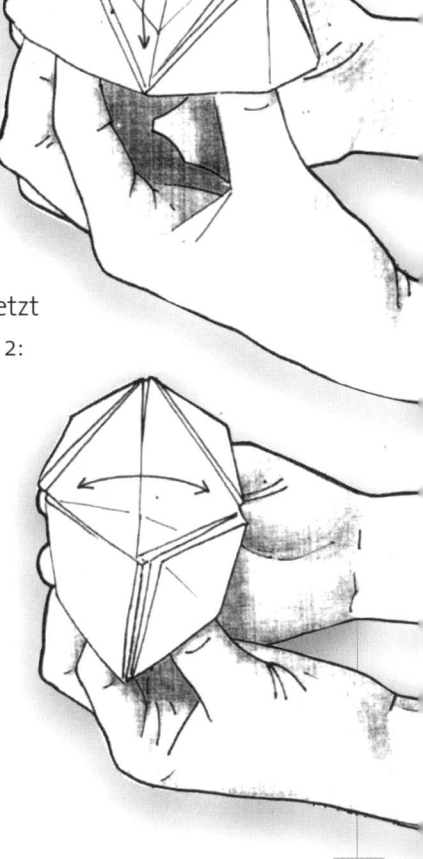

BASTELN

KLETTER-MAXE

Benötigt werden:
Pappe
Farben und Pinsel
sieben Musterklammern
1 m Schnur oder Kordel
Garn
Gummiband
Taschenmesser
oder Schere
Bleistift

Suchbild
Was ist das?
Auflösung auf Seite 70

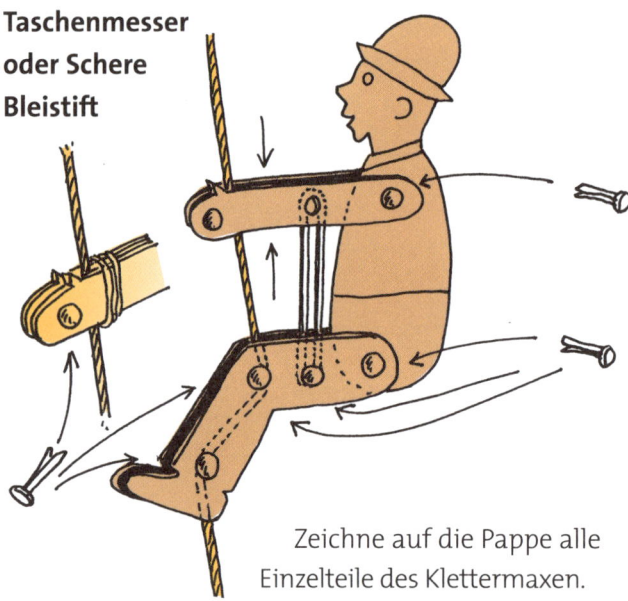

Zeichne auf die Pappe alle Einzelteile des Klettermaxen. Schneide Arme, Beine sowie den Rumpf mit Kopf aus. Mache Löcher an die entsprechenden Stellen für die Musterklammern. Befestige das Gummiband mit den Musterklammern zwischen Armen und Oberschenkeln. Wenn der Klettermaxe sitzt, muss das Gummiband gespannt sein. Stecke die Schnur, wie in der Zeichnung dargestellt, zwischen den Armen und Beinen durch. Binde die Arme mit Garn zusammen, um die Schnur an ihrem Platz zu halten.

Knote die Schnur an eine Lampe oder Ähnliches. Schiebe den Klettermaxen an das Ende. Indem du nun mit kleinen ruckartigen Bewegungen an der Schnur ziehst, klettert die Figur nach oben. Male den Klettermaxen bunt an.

Tipp: Eine schöne Idee ist es, mehrere Klettermaxen zu basteln und diese dann gegeneinander antreten zu lassen.

AUF DEM NACHTTOPF

Benötigt werden:
ein Stift
Papier
Fantasie

Wenn es dem Opa in der Klasse zu langweilig wurde, zeichnete er einen Mann oder eine Frau auf einem Nachttopf, schnitt die Pobacken aus, bog seinen Zeigefinger, hielt ihn hinter das Papier an die Öffnung und siehe da ... ein nackter Po.

SPIELE FÜR DRINNEN

GEHEIMBOTSCHAFT (1)

Benötigt werden:
Papier und Bleistift

Geheimbotschaften weiterzugeben war und ist ein echter Sport. Bereits auf einem einfachen Stück Papier kann man geheime Nachrichten weiterleiten. Nimm ein 10 x 12 cm großes Stück Papier und falte es entsprechend der rechten Zeichnung. Schreibe deine Botschaft genau auf den untersten Falz (linke Zeichnung). Falte das Papier auf und mache aus den zwei Texthälften neue Botschaften oder verwirrende Zeichen.

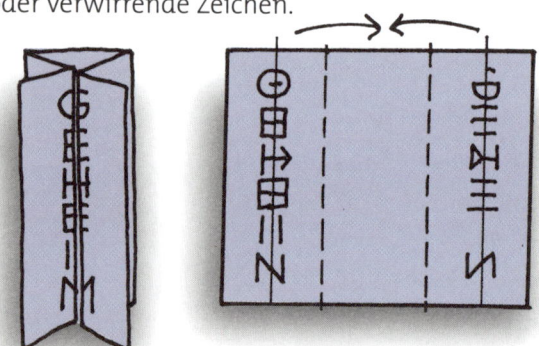

GEHEIMBOTSCHAFT (2)

Benötigt werden:
Stift und zwei Blatt Papier

Schreibe auf ein Blatt Papier mit Großbuchstaben eine Geheimbotschaft. Lege das andere Blatt darü-

Alte Garage, neues Auto.

SPIELE FÜR DRINNEN

ber und male nur einen Teil der Buchstaben nach. Lege dann das obere Blatt nach unten und drehe beide Blätter zusammen um. Zeichne nun den übrigen Teil der Buchstaben nach, also auf die Rückseite des zweiten Blattes. Wenn du fertig bist, hältst du das Blatt gegen das Licht und kannst nun die ganze Botschaft lesen. Du kannst auch Zeichnungen machen, die nicht zu erkennen sind, wenn man nicht weiß, dass man durch das Blatt gucken muss. Unten siehst du ein Beispiel.

Halte das Blatt gegen das Licht, um die Botschaft zu lesen.

GEHEIMBOTSCHAFT (3)

Benötigt werden:
leerer Füller und Papier
Zitronensaft

Schreibe mit Zitronensaft eine Nachricht auf das Papier. Diese wird nach dem Trocknen unsichtbar. Indem du das Blatt über eine Flamme hältst, wird die Botschaft durch die Wärme wieder sichtbar.

SPIELE FÜR DRINNEN

GEHEIMBOTSCHAFT (4)

Benötigt werden:
Stift und Papier

Man kann sich gegenseitig mit langen Krähenfüßen, kreuz und quer übereinander ausgezeichnet, Geheimbotschaften schicken. Du musst das Buch drehen und schräg halten, um das jeweilige Wort lesen zu können.

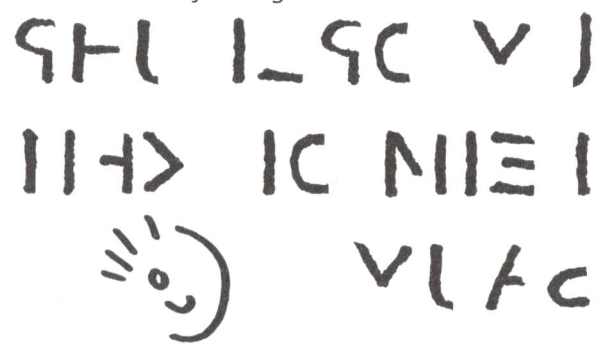

GEHEIMBOTSCHAFT (5)

Benötigt werden:
deine Hände

Was steht hier?

Gebärdensprache eignet sich hervorragend, um sich zu unterhalten, ohne dass ein anderer versteht, worum es geht. Du musst natürlich schon Lust haben, diese Sprache zu lernen, aber hinterher hast du viel Spaß damit.

SPIELE FÜR DRINNEN

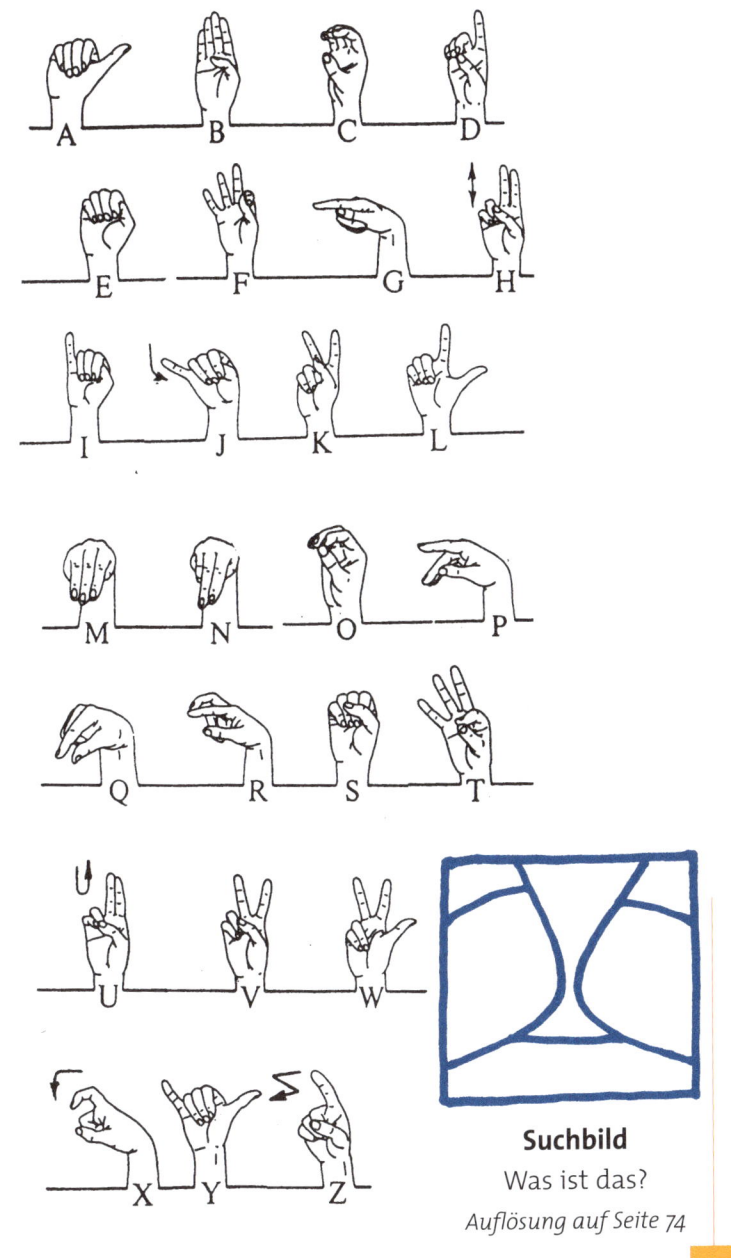

Suchbild
Was ist das?
Auflösung auf Seite 74

SPIELE FÜR DRINNEN

UMKEHRFIGUREN

Benötigt werden:
ein Stift oder Bleistift
Pauspapier

Es gab sie bereits Ende des 19. Jahrhunderts, die Umkehrfiguren. Du siehst einen lachenden Mann, drehst ihn auf den Kopf und erblickst auf einmal eine traurige Frau.
Das Anfertigen dieser Zeichnungen ist nicht sehr schwierig. Nimm eine Zeitschrift und suche zwei Köpfe, die ungefähr gleich groß sind, beide in eine andere Richtung gucken und im Profil zu sehen sind. Pause einen Kopf ab, aber ohne Hals, Nacken und Kinn. Lege die Zeichnung über den anderen Kopf, aber jetzt umgekehrt, und pause diesen Kopf ab, wieder ohne Hals, Nacken und Kinn. Die Linien der einen Zeichnung müssen ein wenig in die andere Zeichnung übergehen.
Wie so oft im Leben gilt: Übung macht den Meister. Hier einige Beispiele für Umkehrzeichnungen:

Zwei dicke Frauen, die sich um einen Sitzplatz im Bus streiten.

SPIELE FÜR DRINNEN

Schwieriger wird es, wenn du Menschen und Tiere kombinieren willst. Aber witzig ist das mit Sicherheit. Auch dazu ein Beispiel:

Suchbild
Was ist das?
Auflösung auf Seite 76

Spiele für drinnen

SCHATTENSPIELE

Benötigt werden:
eine Lampe
zwei Hände
eine Wand

Als Opa selbst noch ein kleiner Junge war, feierte man die Kindergeburtstage mit kleinen Spielen. Kuchenwettessen, Blinde Kuh, Topfschlagen und derart mehr. War man bei ganz reichen Geburtstagskindern zu Besuch, dann wurden dort mit einem gemieteten Projektor Filme gezeigt, meistens von Dick und Doof. Und wenn der Film vorbei war oder wenn er zwischendurch riss – was oft vorkam –, konnte man im Lichtkegel schöne Schattenspiele machen. Hier ein paar Beispiele.
Als Lichtquelle eignen sich der alte Dia- oder Filmprojektor bzw. der moderne Video-/DVD-Beamer.

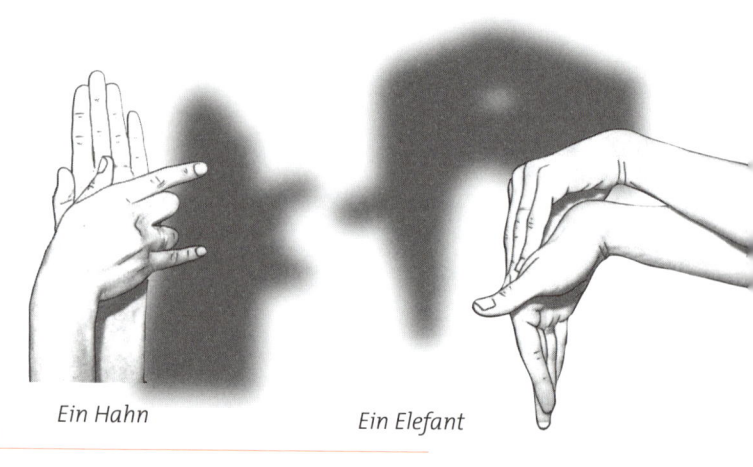

Ein Hahn   *Ein Elefant*

Reiche Sardine in ihrer Einzeldose

SPIELE FÜR DRINNEN

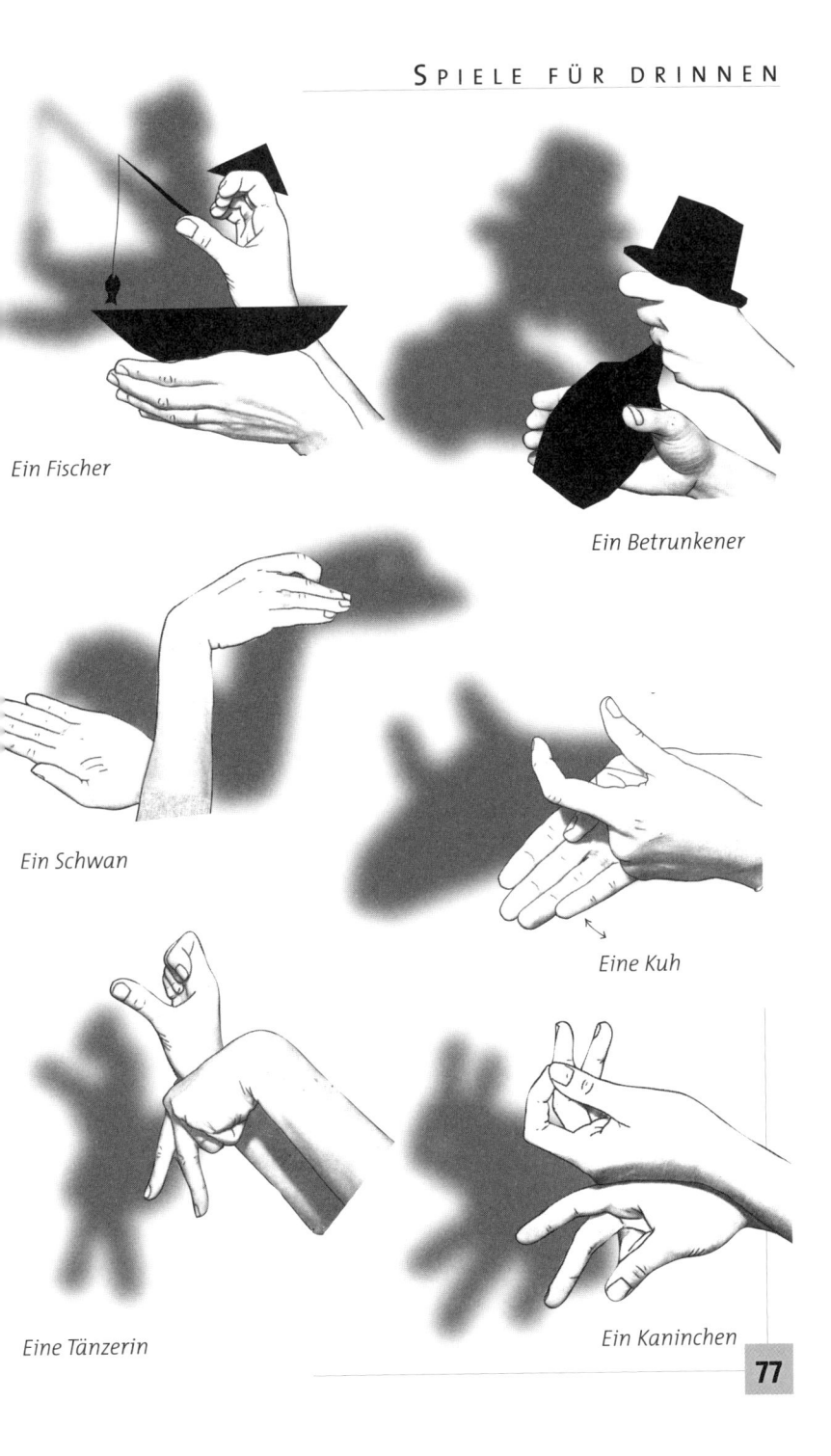

Ein Fischer

Ein Betrunkener

Ein Schwan

Eine Kuh

Eine Tänzerin

Ein Kaninchen

SPIELE FÜR DRINNEN

ZIMMER ZU VERMIETEN

Spieler: zwei
Benötigt werden:
Karopapier
Stift

Dieses Spiel kann überall gespielt werden. Die Spieler setzen abwechselnd einen Strich zwischen zwei Ecken (keine Diagonalen). Verschließt ein Spieler mit dem vierten Strich ein »Zimmer«, schreibt er den Anfangsbuchstaben seines Namens hinein. Zur Belohnung darf er nun zwei Striche machen. Dann ist der andere wieder dran. Wer am Ende die meisten Zimmer hat, hat gewonnen.

Suchbild
Was ist das?
Auflösung auf Seite 80

SPIELE FÜR DRINNEN

SCHIFFE VERSENKEN

Spieler: zwei
Benötigt werden:
Karopapier
Stift

Von diesem Spiel gibt es mittlerweile auch elektronische Varianten, aber so wie Opa es gespielt hat, ist es genauso schön.
Beide Spieler zeichnen – jeder auf seinem eigenen Blatt Papier – zweimal das Schlachtfeld, z. B. 10 x 10 Felder, und beschriften sie (genau wie beim Schachspiel) mit A bis J für die Reihen und 1 bis 10 für die Spalten. Auf diese Weise können die Koordinaten durchgegeben werden.
Danach zeichnen die Spieler ihre Flotte ein, ohne dass der Gegner zuschauen kann: Einen Kreuzer (vier Felder), einen Zerstörer (drei Felder), eine Fregatte (zwei Felder) und ein U-Boot (ein Feld).
Jetzt kann das Spiel beginnen. Spieler A feuert zwei Schüsse ab, z. B. C3 und F8. Spieler B trägt die Treffer in die entsprechenden Felder ein und berichtet wahrheitsgetreu, ob Schiffe getroffen wurden. Er verrät weder, welches Schiff getroffen wurde, noch mit welchem Schuss. Auch Spieler A notiert in seinem zweiten Feld seine Schüsse und die Treffer.
Sieger ist derjenige, der alle Schiffe des Gegners versenkt hat.

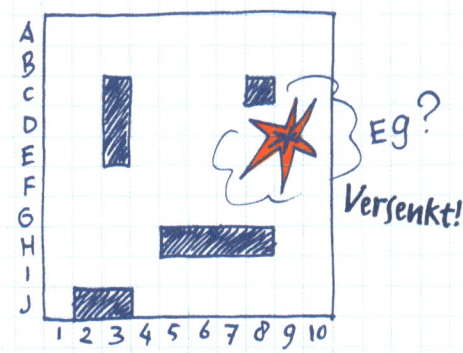

SPIELE FÜR DRINNEN

WOLF UND SCHAF

Spieler: zwei
Benötigt werden:
Dame- oder Schachbrett
eine schwarze und vier weiße Scheiben

Ein beliebter Zeitvertreib aus Opas Kindertagen: Hatte man nichts zu tun, dann spielte man »Wolf und Schaf«. Die Schafe sind die weißen Scheiben, der Wolf ist die schwarze Scheibe. Gespielt wird ausschließlich auf den schwarzen Feldern, die Scheiben werden also diagonal bewegt. Die Schafe, die der Wolf einkreisen und fressen will, dürfen nur vorwärtslaufen. Der Wolf darf vor- und rückwärtslaufen.

Der Spieler mit den vier Schafen verteilt seine Herde auf die schwarzen Felder der ersten Reihe an seiner Seite. Ihm gegenüber sitzt der Wolf auf dem mittleren schwarzen Feld an seiner Seite.

Die Schafe laufen nun langsam vorwärts. Sie versuchen, so dicht wie möglich beieinander zu bleiben. Der Wolf sucht nach einer »Öffnung« und bleibt dicht in ihrer Nähe. Gelingt es ihm, durch die Herde zu brechen und hinter die »feindliche Linie« zu kommen, hat er gewonnen und darf die Schafe »reißen«.

Mann beim Frühstück aus Sicht seiner Zeitung lesenden Ehefrau.

SPIELE FÜR DRINNEN

KATZ UND MAUS

Spieler: zwei
Benötigt werden:
Spielfeld
zwei Geldstücke oder Spielsteine

Zeichne das Spielfeld auf ein Blatt Papier und klebe dieses auf ein Stück Pappe. Es darf nicht zu klein sein. Ein Spieler legt sein Geldstück auf das Feld neben der Katze, der andere auf das Feld neben der Maus. Es wird nacheinander gesetzt, man darf mit jedem Zug ein Feld weiter gehen. Jeder Spieler wählt seinen Weg selbst, aber er darf nicht zurückgehen. Er weicht dem anderen nicht aus, sondern sucht im Gegenteil die »Konfrontation«. Ist er an der Reihe und der Gegner befindet sich auf einem angrenzenden Feld, kann er ihn schlagen. Übrigens: Bei diesem Spiel hat schon ganz oft die Maus gewonnen!

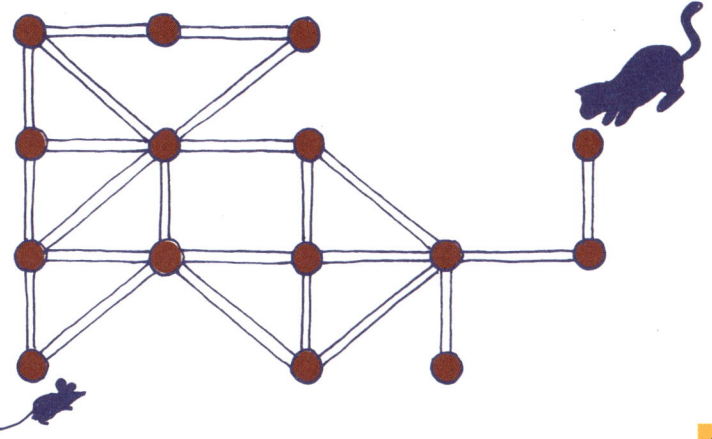

SPIELE FÜR DRINNEN

GIRLANDEN BASTELN

Benötigt werden:
alte Zeitungen
Schere
Papierkleber
große Nadel / Drachenschnur

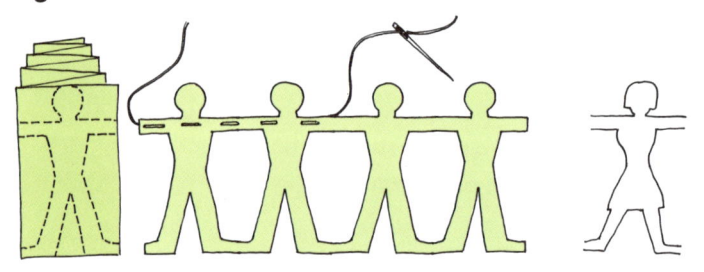

Eben ins Geschäft gehen und dort Girlanden für ein Fest kaufen, macht lange nicht so viel Spaß, wie sie selber zu basteln. Ganz einfach aus Zeitungspapier. Reiße die Zeitung in lange Streifen von ungefähr 15 cm Breite. Falte danach die Streifen zu einer ca. 10 cm breiten Ziehharmonika. Danach schneidest du hieraus mit deinen Enkeln Püppchen aus. Achte darauf, dass die Püppchen nicht an den Seiten der Ziehharmonika ausgeschnitten werden, denn sonst fällt die Girlande auseinander. Aus jeder Ziehharmonika kannst du andere Figuren schneiden. Sinn ist, die Streifen hinterher auseinanderzufalten und aneinanderzukleben, sodass eine lange Girlande entsteht. Du kannst auch eine Drachenschnur mit der Nadel durch die Figuren ziehen, um ein etwas festeres Gebilde zu erhalten.

SPIELE FÜR DRINNEN

DECKCHEN SCHNEIDEN

Benötigt werden:
**mehrere Blätter weißes oder farbiges Papier,
ca. 40 x 40 cm
spitze Schere**

Die Omas häkelten früher immer diese schönen Tischdeckchen, mit denen dann sonntags der Kaffeetisch gedeckt wurde, um dem Kaffeetrinken einen festlichen Anstrich zu verleihen. Solche Deckchen kann man heute nur noch teuer auf Antik- oder Flohmärkten kaufen. Doch kann man sie ganz einfach selber machen. Nimm ein Blatt Papier und falte es zweimal (siehe linke Zeichnung). Falte danach das Blatt zu einer Spitze, wie es die mittlere Zeichnung vorgibt. Nun kannst du mit dem Ausschneiden beginnen. Schneide mit einer scharfen Schere kleine Figuren an den Rändern, an der Spitze oder auch in der Mitte aus. Lasse deiner Fantasie einfach freien Lauf.

Wenn du fertig mit Ausschneiden bist, falte das Blatt auseinander und streiche es glatt.

ZAUBERTRICKS

TROCKENER EURO

Benötigt werden:
ein Euro
Glas mit Wasser
Kerzenstummel
Streichhölzer

Dies ist ein schöner Trick, um ein Essen mit deinen Enkelkindern zu beenden. Nimm einen Euro und lege ihn, etwas weg von der Mitte, auf den leeren Teller vor dir. Gieße so viel Wasser auf den Teller, dass die Münze gerade eben unter Wasser steht. Frage die anderen am Tisch, ob sie eine Möglichkeit sehen, wie man die Münze mit einem Finger vom Teller nehmen kann, ohne dass dieser nass wird und ohne den Teller anzufassen. Haben alle Enkel aufgegeben? Dann platziere nun einen Kerzenstummel (was ist ein Essen ohne Kerzenlicht?) in der Mitte des Tellers, zünde ihn an und stülpe das leere Glas darüber. Die brennende Kerze verbraucht den Sauerstoff im Glas, und durch einen Druckunterschied wird das Wasser in das Glas gesogen, wodurch der Euro trocknet.

Suchbild
Was ist das?
Auflösung auf Seite 86

ZAUBERTRICKS

ZAUBERPORTEMONNAIE

Benötigt werden:
ein Euro
zwei Stückchen Pappe, 10 x 15 cm
vier Papierstreifen, 2 x 14 cm
Klebstoff

Ein freundliches Zauberportemonnaie bastelt man ganz einfach aus zwei Stückchen Pappe. Lege die Pappstückchen nebeneinander und die Papierstreifen unter und über die Pappe, so wie in der Zeichnung zu sehen. Knicke die Enden der Streifen an der Außenseite unter den Karton und klebe sie fest. Die Enden der Streifen an der Innenseite werden ebenfalls unter die Pappe geschoben und festgeklebt. Der Zaubertrick: Schiebe einen Geldschein unter die beiden, dicht beieinanderliegenden Streifen auf der linken Seite des geöffneten Portemonnaies. Klappe es zu und wieder auf, doch nun über die andere Seite. Was ist passiert? Der Geldschein klemmt nun unter den zwei äußeren Streifen!

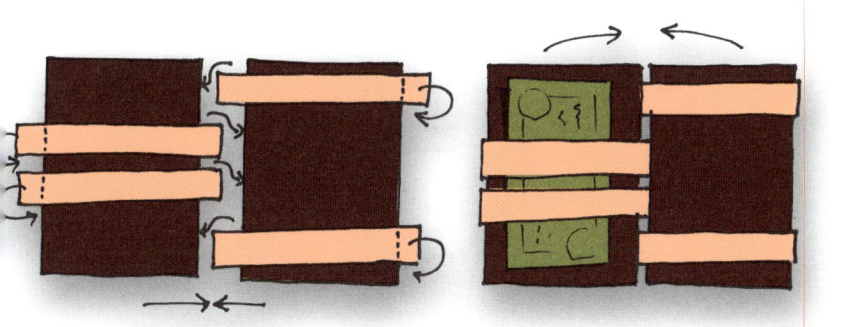

ZAUBERTRICKS

ABGETRENNTER DAUMEN

Benötigt werden:
Streichhölzer
Watte
Tomatenpüree / Ketchup
Daumen
Schere oder Taschenmesser

Dies ist ein prima Trick, um Oma zu erschrecken. Mache in die »Schublade« der Streichholzschachtel ein Loch, wo der Daumen deines Enkelkindes durchpasst. Daumen hineinstecken, Schachtel mit Watte auskleiden und etwas Tomatenketchup draufschmieren. Schachtel dichtmachen und zu Oma laufen. »Oma, es ist etwas Schreckliches passiert!« und die Schachtel aufziehen. Was Oma sieht, ist ein abgehacktes Däumchen.

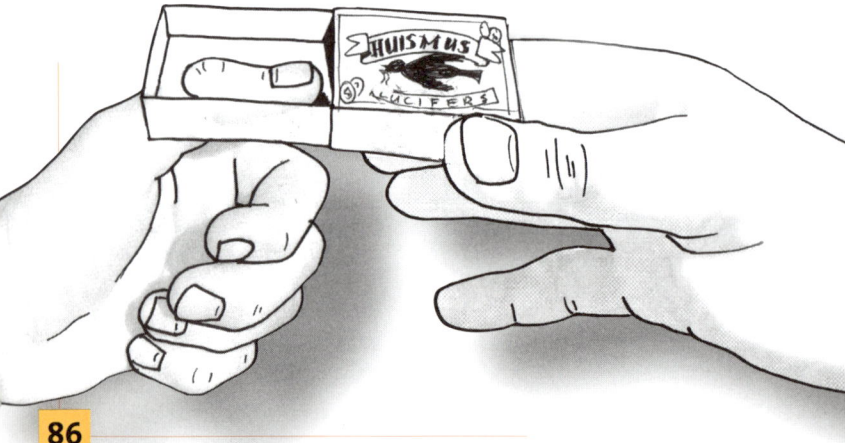

Spinne, die Handstand macht.

ZAUBERTRICKS

MAGISCHER GELDSCHEIN

Benötigt werden:
irgendein Geldschein
zwei Büroklammern

Ein einfacher, aber immer wieder verblüffender Trick!
Nimm einen eigenen Geldschein (oder leihe dir einen vom Publikum). Falte ihn auf die hier dargestellte Weise in drei Teile. Klemme zwei Büroklammern daran, genau wie hier abgebildet. Ziehe nun an beiden Enden des Geldscheins mit einem kurzen, starken Ruck – die Büroklammern springen weg ... und sind ineinander verhakt!

Suchbild
Was ist das?
Auflösung auf Seite 88

87

ZAUBERTRICKS

SCHWEBENDE KARTE

Benötigt werden:
fünf Karten eines Kartenspiels
Stückchen Gummiband

Ein schöner Zaubertrick, für den man jedoch ein wenig Übung braucht.
Steche in die Mitte zweier Karten ein winziges Loch. Stecke hier das Gummiband durch und befestige es mit einem Knoten (siehe Zeichnung). Um zu verbergen, dass die Spielkarten präpariert sind, hältst du an Vorder- und Rückseite noch je eine weitere Spielkarte. Die fünfte Karte steckst du in die Mitte; die Unterseite ruht auf dem Gummiband. Drücke die Karte nach unten und halte dabei alles gut fest: Die mittlere Karte muss schön an ihrem Platz bleiben. Doch sobald du den Griff ein wenig lockerst, schwebt die Karte auf magische Weise aus dem Stapel empor!

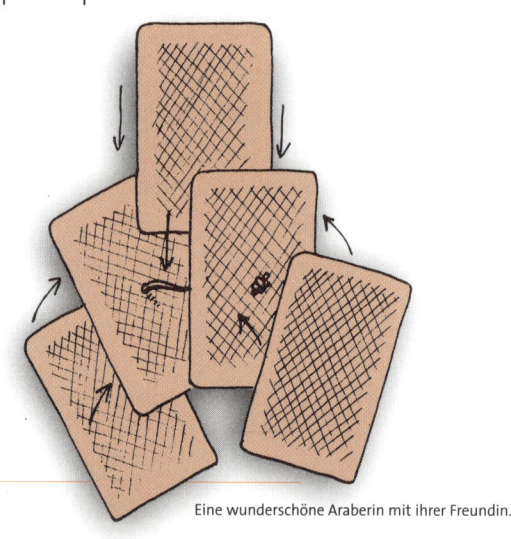

Eine wunderschöne Araberin mit ihrer Freundin.

ZAUBERTRICKS

SCHWEBENDE STREICHHÖLZER

Benötigt wird:
Schachtel Streichhölzer

Mit diesem Zaubertrick steigst du im Ansehen deiner Enkel. Alles was du brauchst ist eine volle Schachtel Streichhölzer. Die Vorbereitung ist wie folgt: Breche ein Streichholz ab, sodass es genau in der Breitseite der Schachtel festklemmt. Hiermit klemmst du, nicht zu fest, die anderen Streichhölzer in der Schachtel ein. Beginne die Vorstellung damit, dass du die Schachtel schüttelst, aber geschlossen dem Publikum zeigst. Man hört die Streichhölzer in der Schachtel. Danach schiebst du die Schachtel unter den Augen des Publikums halb auf, sodass das halbe Streichholz nicht zu sehen ist. Alles in Ordnung, die Schachtel ist voll. Nachdem du sie wieder dichtgeschoben hast, hältst du die Schachtel auf den Kopf und holst die Schublade heraus. Die Streichhölzer sind zur Verblüffung der Zuschauer verschwunden, denn es fällt nichts heraus. Stecke umständlich und mit viel Brimborium die Lade wieder in die Schachtel und zeige die Streichhölzer erneut dem Publikum, indem du die umgedrehte Schachtel wieder nur halb öffnest.

ZAUBERTRICKS

UNMÖGLICH?

Benötigt werden:
Bleistift, ca. 15 cm lang
Schnur oder Band,
ca. 25 cm lang
Taschen-
messer

Mit diesem Trick schindest du bei deinen Enkeln Eindruck. Er wird sie tagelang beschäftigen. Knote die Schnur in einer Schlinge um das Ende eines Bleistifts, nachdem du hier eine Kerbe hineingeschnitzt hast. Die Schlaufe darf nicht abrutschen können. Studiere die Zeichnungen sorgfältig und befestige den Bleistift am Knopfloch vom Hemd oder der Jacke deines Enkelkindes. Nun ist es an ihm oder ihr, den Bleistift zu entfernen, ohne die Schnur zu zerreißen, den Bleistift zu zerbrechen oder ihn anzuspitzen (dies würde auf ein sehr schlaues Enkelkind hindeuten). Gehe beruhigt einer anderen Beschäftigung nach, denn das hier wird Tage dauern.

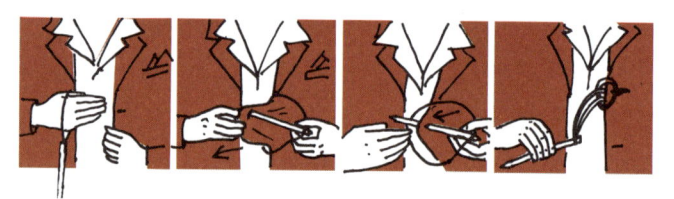

Um den Bleistift wieder zu lösen, folge den Zeichnungen in umgekehrter Richtung. Dies wird für das Opfer selbst mit Hilfe der Zeichnungen sehr schwierig sein.

STARKER ATEM

Benötigt werden:
zwei schwere Bücher
Papier- oder Plastiktüte

Opas sind unglaublich stark. Das beweist du dadurch, dass du zwei schwere Bücher umpustest. Du musst natürlich schon wissen, wie es geht, bevor du mit dem Pusten beginnst!
Lege die Papier- oder Plastiktüte flach auf den Rand des Tisches. Stelle hierauf die zwei Bücher. Das eine Buch steht, das andere liegt obendrauf.
Jetzt ist es eine Frage des Pustens ... jedoch in die Tüte. So pustest du die Bücher mit wenig Anstrengung um.

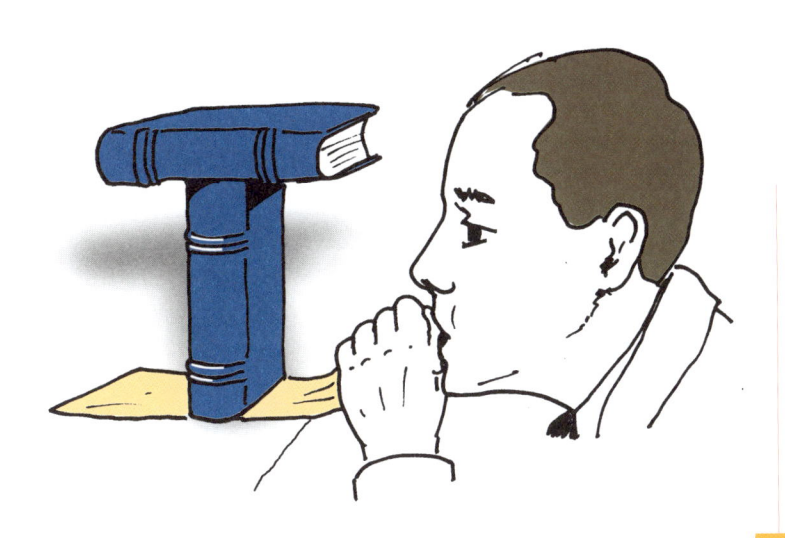

LECKEREIEN

PFANNKUCHEN

Wer bei Opa logiert, bekommt natürlich auch einmal Pfannkuchen zu essen. Aber eben nicht die vorgebackenen Lappen aus dem Supermarkt. Die kommen Opa nicht ins Haus. Selber machen lautet die Devise! Und zu zweit. Wir backen gleich ganz viele, denn am nächsten Tag schmecken sie kalt auch lecker (oder eben in die Mikrowelle schieben). Einfrieren kann man sie auch.

Benötigt werden:
500 g selbstaufgehendes Mehl
Prise Salz
2 Eier
1 Liter Milch
Butter oder Margarine
Sirup und/oder Puderzucker

Eine Prise Salz mit dem Mehl vermischen und eine Kuhle hineinmachen. Hier die Eier hineinschlagen und die Hälfte der Milch hinzufügen. Zu einem glatten Teig verrühren und langsam den Rest der Milch hinzugeben.
Auf großer Flamme Butter oder Margarine in der Pfanne erhitzen und mit einer Kelle etwas vom Teig hineingeben. Wenn sich die Unterseite des Pfannkuchens vom Boden löst, kannst du ihn umdrehen. Noch mal kurz backen ... fertig.

LECKEREIEN

ARMER RITTER

Junge, was war das damals lecker: »Armer Ritter«! Also machen wir den jetzt. »Gesund essen können die Kinder ja bei Mama und Papa zu Hause«, pflegen Opas zu sagen.

Benötigt werden:
1 Ei
25 g Zucker
1/2 Teelöffel Zimt
1/4 Liter Milch
8 Scheiben altes Weißbrot
Butter oder Margarine

Schlage das Ei in eine flache Schale, gib Zimt und Zucker, danach auch die Milch hinzu. Ziehe die Scheiben Weißbrot durch und staple sie übereinander. Drehe sie ab und zu um: Sie müssen ganz durchtränkt sein von der Mischung. Erhitze Butter in einer Pfanne und brate die Scheiben langsam, bis sie braun sind. Mit Zucker bestreuen und warm servieren.

Suchbild
Was ist das?
Auflösung auf Seite 94

LECKEREIEN

POMMES FRITES

Benötigt werden:
schöne große Kartoffeln
Öl oder Fett zum Frittieren
Fritteuse
Küchenpapier
Messer
Salz

In mancher Hinsicht ist Opa etwas starrköpfig – zum Beispiel, wenn es um Pommes frites geht. Die macht man selber, und dazu gehört, dass sie mit einem ganz normalen Messer geschnitten werden. Nicht dieses ganze fabrikmäßige Getue! Okay?
Schäle die Kartoffeln, schneide sie in große Stücke und danach in Streifen. Wasche sie gut in kaltem Wasser und tupfe sie mit Küchenpapier trocken. Erhitze das Öl (wenn ein Stückchen Brot darin schnell braun wird, ist die Temperatur richtig). Frittiere die Kartoffelstreifen in kleinen Portionen, bis sie goldgelb sind. Lasse sie auf Küchenpapier abtropfen und abkühlen. Frittiere sie danach ein zweites Mal, bis sie goldbraun sind. Bestreue sie mit Salz und serviere sie eventuell mit Mayonnaise, in die du einige Tropfen Zitronensaft gerührt hast. Altmodische Pommes, herrlich!

Ferkel, das um die Ecke verschwindet.

LECKEREIEN

FOLIENKARTOFFELN

Benötigt werden:
große Kartoffeln
Alufolie
Mayonnaise
Joghurt
Zwiebeln
Pfeffer, Salz und Curry

Suchbild
Was ist das?
Auflösung auf Seite 96

Heutzutage bekommt man Folienkartoffen nur noch in schicken Restaurants, aber zu Opas Zeit waren sie, auf dem offenen Herdfeuer gebacken, eine Delikatesse. Schnippel die Zwiebeln ganz fein, eine Zwiebel pro Person. Rühre aus Joghurt und der Mayonnaise eine cremige Soße und gib Pfeffer, Salz und Curry hinzu.
Füge die feingeschnippelten Zwiebeln hinzu und verrühre alles gut. Wenn du nicht zu lange warten willst, bis die Kartoffeln gar sind, dann koche sie vorab 15 bis 20 Minuten. Wickle sie nun einige Male in Alufolie und lege sie ins Feuer oder auf den Grill. Kontrolliere mit einem Schaschlikspieß, ob die Kartoffeln gar sind, indem du damit hineinstichst. Wenn sie innen weich sind, sind sie gar. Nimm sie aus der Folie und schneide sie in zwei Hälften.
Gib nun die Soße auf die Kartoffelhälften. Gegessen werden sie mit einem Teelöffel, indem die Kartoffeln damit ausgehöhlt werden.

LAPPAN

BÜCHER, DIE SPASS BRINGEN!

*Lappans Cartoongeschenke
Cartoons für Großeltern
ISBN 978-3-8303-4046-1*

*Peter Butschkow
Überleben als Opa
ISBN 978-3-8303-3162-9*

*Alle lieben Großväter
ISBN 978-3-8303-4168-0*

Wir senden Ihnen gern unser Gesamtverzeichnis:

Lappan Verlag GmbH
Postfach 3407
26024 Oldenburg
www.lappan.de

*Detlev Kersten
Viel Spaß
mit Enkelkindern
ISBN 978-3-8303-4014-0*

*Peter Butschkow
Herzlichen Glückwunsch
zum Enkelkind
ISBN 978-3-8303-4126-0*

*Die niederländische Originalausgabe
erschien unter dem Titel: Opa voor beginners.
© 2004 Uitgeverij Terra Lannoo.
www.terralannoo.nl*

*Für die deutsche Ausgabe:
© 2007 Lappan Verlag
Postfach 3407 • D-26024 Oldenburg
www.lappan.de • E-Mail: info@lappan.de
Aus dem Holländischen übersetzt von Anja Blume
Lektorat: Peter Baumann*

*Druck und Bindung: Westermann Druck, Zwickau
Printed in Germany*

ISBN: 978-3-83303-6152-7

Flöhe, die einen Bogen um einen mit Gift besprühten Freund machen.